삶을
변화시키는
성경연구

워크북

Living by the Book
Workbook

Howard G. Hendricks / William D. Hendricks

This book was first published in the United States by Northfield Publishing,
820 N. LaSalle Blvd., Chicago, IL 60610 with the title Living By the Book, Workbook,

삶을 변화시키는 성경연구 (워크북)

1쇄 인쇄 2002년 7월 29일
5쇄 발행 2012년 8월 24일
개정판 1쇄 발행 2015년 1월 7일
개정판 3쇄 발행 2023년 12월 13일

지은이 하워드 헨드릭스 & 윌리엄 헨드릭스
옮긴이 김인화
펴낸곳 주) 도서출판 디모데 〈파이디온 선교회 출판 사역 기관〉

등록 2005년 6월 16일 제 319 – 2005 – 24호
주소 서울특별시 서초구 서초대로 141–25(방배동, 세일빌딩)
전화 마케팅실 070) 4018–4141
팩스 마케팅실 02) 6919–2381
홈페이지 www.timothybook.com

ISBN 978–89–388–1581–1 03230

삶을 변화시키는 성경연구 워크북

| 귀납적 개인 성경연구 가이드북 |

하워드 헨드릭스 & 윌리엄 헨드릭스 지음 | 김인화 옮김

디모데
Timothy Publishing House

감사의 글

다듬어지지 않은 이 원고를 한 권의 책으로 만들어주고,
모든 연습 문제와 순서를 본책인
『삶을 변화시키는 성경 연구(*Living by the Book*, 도서출판 디모데)』와
일관되게 교정을 해준 유능한 편집자이자 저술가인
스탠 캠벨(Stan Campbell)에게
깊이 감사드린다.

서문

『삶을 변화시키는 성경 연구』를 출간할 1991년에, 우리 부자가 가장 중요하게 생각했던 것은 성경 본문을 관찰하고 해석하며 적용하는 데 도움이 되는 방법을 소개하고 알리는 것이었다. 왜냐하면 그동안 말씀을 관찰하고 해석하며 적용하는 과정에서 많은 어려움을 겪다 끝내는 성경의 가르침을 부적절하게, 심지어는 잘못 해석한 것을 그대로 적용해버리는 성도들을 많이 보았기 때문이었다. 그래서 우리는 하나님의 말씀에 조직적이고도 체계적으로 접근해가는 방법 – 즉, 성경이 스스로 그 뜻을 온전하고 명확하게 말씀하시게 하는 방법 – 을 찾기 위해 오랫동안 연구하고 고심했다. 그리고 결국에는 내(하워드)가 달라스 신학교에서 학생들과 함께 시도한 방법이 가장 효과적이라는 결론을 내리게 되었다.

『삶을 변화시키는 성경 연구』는 많은 성도의 필요와 기대에 부응했다. 그런데 이 책을 출간한 지 십 년이 지난 시점에서 당시 책을 출판했던 출판사로부터 워크북을 만들자는 제안을 받았다. 너무 늦은 감이 있었지만, 그래도 우리는 흔쾌히 수락하고 곧 집필에 들어갔다. 『삶을 변화시키는 성경 연구』가 말씀을 배우는 과정에 초점을 맞춘 책이라면, 이 워크북은 거기에 나오는 원리들을 통합하여 실천하는 것에 주안점을 둔 책이다.

그러나 우리는 본책이 출간된 지 십 년이 지난 후에야 이 워크북을 발간하게 되었기 때문에, 그로 인해 여러 가지 문제가 생길 수 있다는 사실을 인정하지 않을 수 없었다. 왜냐하면 독자들 가운데는 『삶을 변화시키는 성경 연구』를 아예 갖고 있지 않은 사람들도 있을 것이고, 반대로 그 책을 수년 전에 이미 독파하였기 때문에 지금은 필요한 부분만 들추어보면 되는 사람들도 있을 것이며, 어쩌면 다른 사람에게 빌려주었다가 돌려받지 못한 사람도 있을 것이기 때문이었다.

그래도 다행히 어떤 경우든 크게 문제될 것은 없는데, 그 이유는 이 워크북이 『삶을 변화시키는 성경연구』를 반드시 읽어야만 활용할 수 있는 교재가 아니기 때문이다. 물론 우리 입장에서는 『삶을 변화시키는 성경 연구』를 먼저 읽은 다음에 이 워크북으로 공부하기 바라지만 말이다. 어쨌든『삶을 변화시키는 성경 연구』를 접하지 않은 독자들도 있다는 사실을 감안해서 우리는 이 워크북 안에『삶을 변화시키는 성경 연구』를 자주 인용하려고 노력하였다. 뿐만 아니라,『삶을 변화시키는 성경 연구』의 핵심을 상세히 전달하기 위해 각 과가 시작될 때마다『삶을 변화시키는 성경 연구』가운데서 그 과의 주제를 가장 잘 드러내는 내용을 각 과의 상단에 실어놓았다. 그리고 한 가지 일러두고 싶은 것은 굳이 모든 문제를 다 풀려고 애쓰지 말라는 것이다. 자신 있는 문제가 나오면 대담하게 건너뛰고, 또 좀 더 자세히 알고 싶은 문제가 나오면 답을 달기 전에『삶을 변화시키는 성경 연구』를 참조하는 식으로 이 워크북을 활용하기 바란다.

성경을 공부하기 위해서는 지능 지수가 높아야 할 필요도, 오랜 시간 머리를 싸매고 골머리를 앓아야 할 필요도 없다. 자기에게 맞는 학습법을 발견하여 제대로 활용하기만 한다면, 하루에 몇십 분만 시간을 내도 새로운 통찰력을 가질 수 있다. 단, 하루도 거르지 않고 매일 한다는 조건하에서 말이다. 장담하건대, 말씀을 배우고 또 배운 말씀을 간직하고자 하는 열정만 있다면, 학교에서 학과 공부를 하는 것과 동일한 효과를 거둘 수 있다. 그러므로 일주일치 분량을 이틀에 몰아서 해치우기보다는 적은 분량이라도 날마다 꾸준히 공부하는 것이 훨씬 더 효과적일 것이다.

성경 공부를 학교 공부에 비유했다고 해서 이 워크북은 그룹으로만 해야 하는 것이 아닌가 하고 생각할 사람이 있을지도 모르겠다. 물론 사람들을 모아 그룹을 만들 수 있다면, 한 본문에 대해 여러 사람이 관찰하고 해석하며 적용한 것을 풍성하게 나누는 이점을 누릴 수 있을 것이다. 그러나 반대로 조원 한 사람 한 사람을 책임져야 하는 부담도 있을 것이다. 그러므로 어떤 그룹에 소속되지 않았다고 해서 걱정할 필요는 없다. 마음 맞는 한 사람만 있어도 충분히 효과적인 성경 공부를 할 수 있다. 자신이 배우고 발견한 것을 누군가와 나눌 수 있다는 것만으로도 당신은 큰 유익을 누릴 수 있을 것이다(좀 더 자세한 제안을 보기 원한다면『삶을 변화시키는 성경 연구』45장을 참고하라.)

또한 이 워크북은 성경 공부 안내서라는 사실에 유념하기 바란다. 우리는 이 책을 만들면서『삶을 변화시키는 성경 연구』에서 제시한 과정에 충실하려고 노력했다. 그리고 한 가지 더, 이 교재는 전적으로 당신의 유익을 위한 것이다. 그러므로 질문에 좀 더 많은 시간을 할애하고 싶다든지, 아니면 건너뛰고 싶다든지, 혹은 자신의 생각을 더하고 싶다든지, 제시된 성경 본문 대신 다른 본문으로 공부하고 싶다든지 하는 것들이 있으면 언제든지 그렇게 하라.

이 워크북으로 공부하는 동안 당신은『삶을 변화시키는 성경 연구』에 나오는 모든 과정을 다시 한 번 짚고 넘어가는 부대 효과를 누릴 수 있을 것이다. 그리고 이 워크북 마지막에는 룻기와 야고보서 성경 공부 교재를 첨부해놓았는데, 그 과정을 공부하면서 당신은 관찰, 해석, 적용뿐만 아니라 그동안 터득한 여러 방법을 하나로 통합시키는 방법까지 배우게 될 것이다.

끝으로, 우리는 당신이 성경 공부는 정말로 즐겁고 유익하다는 것을 이 워크북을 통해 발견할 수 있기를 바란다. 하나님의 말씀은 지금도 "살았고 운동력이 있다"(히 4:12). 그래서 우리는 하나님의 말씀이 이 책을 공부할 당신의 삶에 생명력 있게 다가가기를 간절히 기도한다.

하워드 헨드릭스(Howard G. Hendricks)
윌리엄 헨드릭스(William D. Hendricks)

차례

1부

관찰

관찰로 시작하기

2부

해석

관찰에서 해석으로

3부

적용

해석에서 적용으로

4부

실전훈련

실전에 들어가며

1부

관찰

말씀을 해석하거나 적용하는 것도 중요하지만, 그보다는 성경 본문을 정확하게 관찰하는 것이 더욱 중요하다. 그래서 우리는 이 워크북을 성경이 말씀하시는 바를 정확히 깨닫도록 도와주는 연습 문제 위주로 구성하였다. 그래야 말씀의 진정한 의미를 이해할 수 있기 때문이다. 살인 사건을 맡은 형사 가운데 현장에 가서 직접 수사를 하지 않고 사무실에 앉은 채 증인들 말만 듣고 수사를 진행하는 사람은 아무도 없을 것이다. 아마 사건 현장에 가서 주변을 자세히 살핀 뒤, 입수할 수 있는 자료들은 작은 것 하나라도 놓치지 않으려고 할 것이다. 그래야만 사건 당시의 상황이 어떠했는지, 증인들이 털어놓는 증언이 사실인지 아닌지 정확하게 파악할 수 있기 때문이다. 마찬가지로, 우리도 우리 스스로 말씀과 상호 작용하는 법을 배워야 한다. 설교나 주석도 여러 면에서 도움이 되겠지만, 그런 것들은 성경 말씀을 우리가 아닌 다른 누군가가 해석한 것이라는 한계를 갖고 있다. 성경이 하나님의 말씀임을 진정으로 믿는다면, 인내심을 가지고 관찰하며 성경이 직접 우리에게 말씀하실 때까지 기다려야 할 것이다.

말씀을 관찰할 때 우리는 표면적으로 나타나는 것 이상을 깨닫고 배우게 된다. 언뜻 보아서는 간과하기 쉬운 단어 하나하나, 문장 하나하나가 갖고 있는 중요한 의미를 발견하게 되는 것이다. 그러면서 자주 반복되는 말이나 강조되는 구절에도 관심을 가지게 된다. 더 나아가 말씀에 등장하는 인물이 처한 상황에 자신을 대입시킴으로써 그가 어떤 어려움을 겪고 있는지 혹은 어떤 기쁨을 맛보고 있는지 훨씬 더 잘 이해할 수 있게 된다. 또한 관찰을 계속하다보면, 하나님이 우리에게 무엇을 말씀하고자 하시는지 훨씬 더 명료하게 깨달을 수 있게 된다. 그러면 이제 관찰의 과정으로 향하는 여정을 시작해보자. 이 여행에서 큰 기쁨과 형언할 수 없는 놀라움을 발견하게 되기를 바란다.

■ ■ ■ ■

관찰로 시작하기

01 | 성경 본문 관찰하기

LIVING BY THE BOOK WORK BOOK

"성경을 연구하는 사람들 사이에 차이가 생기는 이유는 무엇인가? 더 잘 이해하는 사람은 그저 더 많은 것을 본다는 차이밖에 없다. 성경 본문은 누구에게나 동일한 자료를 제공하지만, 같은 본문 안에서 얼마나 많은 것을 관찰하는가에 대해서는 사람마다 차이가 있다." 『삶을 변화시키는 성경연구』 69쪽

성경 공부를 통해 보다 많은 것을 얻고 싶다면, 무엇보다 자신이 무엇을 원하는지 그리고 무엇을 발견하고자 하는지 정확하게 알아야 한다. 그런 의미에서 아래에 제시해놓은 질문들은 성경을 탐색하는 데 도움이 될 것이다. 물론 공부하게 될 모든 본문마다 이 질문을 던질 필요는 없겠지만, 그래도 관찰을 시작하는 좋은 출발점으로 삼을 수는 있을 것이다. 그러므로 이 질문들에 충실히 답하면 답할수록, 말씀의 진리를 그만큼 더 잘 관찰할 수 있다. 그래서 관찰하는 능력이 어느 수준까지 올라서면 해석과 적용으로 나아가는 것이 한결 수월해진다.

1. 본문의 저자는 누구인가?

2. 저자는 누구를 상대로 이 글을 쓰고 있는가?(하나님의 백성인가, 특정 교회인가, 아니면 비그리스도인들인가?)

3. 이 본문에서 가장 중요한 용어(혹은 개념)는 무엇인가?

4. 본문을 명확하게 이해하기 위해 그 정의를 상세히 알아야 할 용어는 없는가?

5. 분명하게 짚고 넘어가야 할 사람이나 장소는 없는가?

6. 본문에 나오는 사람과 장소에 대해 내가 알고 있는 것은 무엇인가?

7. 본문에서 유추해낼 수 있는 인과 관계는 무엇인가?

8. 본문을 나의 삶에는 어떤 식으로 적용할 수 있겠는가?(만일 구체적으로 적용할 수 없다면, 간접적이나마 적용할 수 있는 방법은 있는가?)

9. 본문 가운데 좀 더 많은 시간을 들여 자세히 연구하고 싶은 것이 있는가?

NOTE

이 과를 복사해두었다가, 당신이 사용하는 성경책에 끼워두고 성경을 펼칠 때마다 볼 것을 권한다.

02 | 절 단위로 관찰하기

오늘의 본문 시편 93:1 **예상 소요 시간** 30분

"관찰 단계에서 최대 주안점은 '본문에서 무엇을 보는가'라는 것을 기억하라. 용어들과 문법 구조에 신경 쓰라. 문맥을 살피는 것도 잊지 말아야 한다." 『삶을 변화시키는 성경연구』 88쪽

오늘 관찰할 본문은 시편 93편 1절이다. 시편은 이야기식으로 쓰인 본문과 달리, 전후 문맥을 정확하게 파악하는 것이 별로 중요치 않다. 그럼에도 불구하고 반복해서 읽다보면, 비슷한 점과 상반되는 점을 더 잘 파악할 수 있다.

이제 시편 93편 1절을 집중적으로 관찰해보자.

"여호와께서 다스리시니 스스로 권위를 입으셨도다 여호와께서 능력의 옷을 입으시며 띠를 띠셨으므로 세계도 견고히 서서 흔들리지 아니하는도다."

▶ 우선, 제1과 '성경 본문 관찰하기'에서 제시한 아홉 가지 질문을 다시 한 번 훑어본 다음, 오늘 공부를 시작하라. 물론, 그 가운데는 오늘 본문에 적용할 수 없는 것들도 있겠지만, 그래도 문법적인 시제의 차이 정도는 쉽게 발견할 수 있을 것이다. 만일 시편 기자가 현재 시제로 글을 썼다면, 이제는 그 구절이 과거 시제를 의미하는 것이라고 보아도 괜찮을까?

▶ 당신은 이 구절의 주제가 무엇이라고 생각하는가?

▶ 당분간 당신이 알고 있는 모든 종교적 언어를 머리에서 지워라. 그런 다음 '여호와'에 대해 묵상하라. 어떤 생각이 떠오르는가?

앞의 세 질문에 더하여, 다음 질문들도 깊이 생각해보면 관찰하는 방법을 터득하는 데 많은 도움이 될 것이다.

- 이 구절에서는 어떤 단어나 구가 반복되고 있는가? 있다면, 기자가 그것들을 반복함으로써 강조한 이유가 무엇이라고 생각하는가?

- 시편 기자는 하나님을 '권위'와 '능력'이라는 말로 묘사하고 있다. 이 두 단어 사이에 연결점이 있다면, 그것은 무엇일까? 둘 중 하나가 다른 하나를 필연적으로 암시하고 있는 것은 아닐까?

- 시편 기자가 '여호와'에 대해 이야기하다 느닷없이 '세계'로 화제를 옮긴 이유는 무엇일까?

- 누구나 알 듯이 지구는 자전축을 중심으로 자전하고 있다. 그런데도 기자가 세계는 "흔들리지 아니하는도다"라고 말했다면, 그가 의미하고자 한 바는 무엇일까?

• 이 구절을 읽으면서 긍정적이고도 진취적인 느낌이 일어나는가?

• 아니면 반대로 부정적인 감정(두려움이나 근심, 걱정 등)이 생기는가?

▶ 이 밖에 이 구절을 통해 당신이 관찰한 것은 무엇인가?

03 | 절 단위로 관찰하기

오늘의 본문 요한일서 3:12 **예상 소요 시간** 30분

"말씀을 공부할 때는 언제나 문맥을 잘 이해해야 한다. 항상 그 본문의 전후를 살펴야 한다."
『삶을 변화시키는 성경연구』 78쪽

오늘 살펴볼 요한일서 3장 12절은 당신의 관찰력에 새 지평을 열어줄 것이다. 아래에 당신의 의견을 피력할 수 있는 작은 공간도 마련해놓았으니 유용하게 활용하기 바란다.

"가인 같이 하지 말라 그는 악한 자에게 속하여 그 아우를 죽였으니 어떤 이유로 죽였느냐 자기의 행위는 악하고 그의 아우의 행위는 의로움이라."

본격적인 공부에 들어가기에 앞서 몇 가지 제안을 한다.

- 이번에도 제1과 '성경 본문 관찰하기'에서 제시한 아홉 가지 질문을 적절하게 사용하라. 단, 이번에는 저자와 문맥과 본문에 언급된 사람들에 대해 좀 더 많은 것을 발견해야 한다. (특히 문맥과 관련해서는, 앞의 내용과 상관없어 보이는 절이 문장 중간중간에 불쑥 튀어나올 때마다 그 이전에 어떤 내용이 있었는지 차근차근 살펴보아야 한다.)

• 저자가 언급하는 기사를 찾아 읽은 다음(이 경우에는 창세기 4장 1-16절을 읽으면 된다) 이 절과 관련하여 어떤 새로운 통찰력을 얻을 수 있는지 묵상하라.

• 당신은 요한이 하나님의 사랑에 대해 이야기하다가 느닷없이 가인에 대해 이야기하는 이유가 무엇이라고 생각하는가?

• 당신의 삶에서 의로운 행동과 악한 행동 사이의 대조를 명확하게 볼 수 있고, 또 그로 인한 결과를 극명하게 볼 수 있는 영역이 있다면 몇 가지 예를 들어보라.

• 지금까지 살아오면서 당신도 가인처럼, 혹은 그렇게 심하지는 않더라도 하나님이 보시기에 악한 행동을 한 적이 있는가? 있다면 무슨 일이었는가? 아니면 그와 반대로 아벨처럼 악한 자로부터 고통을 당해본 적이 있는가? 각각의 두 상황에 대해 이 절은 당신에게 무엇을 말하는가?

▶ 이 밖에 이 구절을 통해 당신이 관찰한 것은 무엇인가?

04 | 처음 읽는 것처럼 성경 읽기

오늘의 본문 아래 제시 **예상 소요 시간** 30분

"줄곧 사용했던 성경 대신 다른 번역본을 참조하는 것도 큰 도움이 될 것이다."

『삶을 변화시키는 성경연구』 93쪽

이번 과를 공부하기 위해서는 가까운 도서관이나 기독교 서점을 방문하여 다양한 성경 역본을 참고해야 한다. 그게 어렵다면 친구나 교회에서 성경을 종류별로 빌려도 괜찮다. 읽고 비교할 수 있는 성경 역본을 최대한 많이 구비한 다음 오늘 공부를 시작하자.

이상하게 들리겠지만, 성경을 난생처음 대하는 것처럼 읽을 수 있는 가장 좋은 방법은 가장 친숙한 본문부터 시작하는 것이다. 만일 마음에 떠오르는 특별한 본문이 없다면, 다음에 제시하는 본문 가운데서 고르라.

- 창조 기사(창세기 2:4-25)

- 시편 23편

• 메시아 탄생에 대한 예언(예를 들어 이사야 9:6-7)

• 팔복(마태복음 5:1-12)

• 바울의 회심(사도행전 9:1-19)

위의 본문 가운데서 한 개 이상을 골라 최소한 네 가지 다양한 역본으로 읽으라. 물론 그 가운데는 아주 비슷하게 번역되어 있어 아무런 차이점도 발견할 수 없는 것들도 있을 것이다. 그러나 개역 성경과 현대인의 성경을 비교 분석해본다면 상당한 차이점을 발견할 수 있을 것이다. 어떤 식으로 공부하든, 당신이 이미 알고 있는 것에 본문을 끼워 맞추려 하지 말고, 마치 그 본문을 처음 대하듯 생각과 마음을 비우라.

N/O/T/E

이렇게 다양한 역본을 비교, 분석해봄으로써 새로운 것을 발견했거나, 통찰력을 얻었다면 모두 기록하라.

05 | 처음 읽는 것처럼 성경 읽기

오늘의 본문 누가복음 15:11-32 **예상 소요 시간** 30분

LIVING BY THE BOOK WORK BOOK

"친하고 익숙한 것은 경멸을 불러일으킨다는 말이 있다. 그러나 성경연구에 있어서는 예외적으로 친숙함이 무지를 만들어내는 것 같다. 성경의 한 본문을 봤을 때, "아, 이거 내가 아는 말씀인데"라고 말하는 순간 당신은 어려움을 겪게 된다. 어느 본문을 대하든 마치 난생처음 보는 것처럼 읽어야 한다."
『삶을 변화시키는 성경연구』 93쪽

가장 간과하기 쉬운 성경 본문은 많이 듣고 읽어서 이미 다 알고 있다고 자부하는 것들이다. 오늘 살펴볼 본문도 성경 가운데서 너무 많이 알려져 있어 가장 간과하기 쉬운, 탕자의 비유다.

▶ 난생처음 이 비유를 대하는 여덟 살짜리 꼬마의 심정으로 본문을 읽어보라. 그리고 마음에 떠오르는 질문이나 깨달은 것을 상세히 기록하라.

▶ 이 본문을 아래와 같은 여러 입장에서 읽은 다음, 마음에 떠오르는 질문들을 적으라.

- 이 이야기를 처음 듣는 외국인 또는 종교적, 문화적 배경이 전혀 다른 사람의 입장에서.

• 성경의 권위에 회의적인 사람의 입장에서.

• 아이가 집을 나간 부모의 입장에서.

• 삶이 너무 힘겹고 가혹하여 하나님에게서 멀어진 사람의 입장에서.

이렇게 다양한 사람들의 입장에서 본문을 조망해본다면, 지금까지 깨닫지 못했던 새로운 것들을 많이 발견하게 될 것이다.

06 | 연애편지를 읽는 마음으로 성경 읽기

오늘의 본문 이사야 55장 **예상 소요 시간** 30분

"성경을 대할 때도 이런 태도가 필요하다. 성경을 하나님이 보내신 연애편지로 알고 읽어야 한다."
『삶을 변화시키는 성경연구』 96쪽

성경의 예언서를 읽을 때마다 우리는 재미없고 지루하다는 인상을 받는다. 그도 그럴 것이 선지자들이 하나님께 받아 전한 말씀 중 상당수는 죄의 결과로 맞이할 좋지 않은 운명에 대한 것들이기 때문이다. 그러나 하나님은 그렇게 무서워 보이는 선지서에도 당신의 백성에게 주시는 약속과 그들이 두려워하지 말아야 할 이유를 곳곳에 심어놓으셨다.
이사야는 유다 백성이 바벨론의 포로로 잡혀갈 것을 경고하기 위해 이사야서를 썼다. 그래서 그는 이 점을 부각시키기 위해 단도직입적이면서도 귀에 거슬리는 말들을 사용할 수밖에 없었다. 그러나 그는 그것으로 끝내지 않고 바벨론 포로 생활 이후 그들이 누리게 될 약속된 삶에 대해서도 잊지 않고 언급하였다.

▶ 적군의 포로가 되어 끌려가거나, 아니면 한때는 번창했지만 이제는 잔해만 남은 도시에 혼자서 있다고 상상해보라. 이사야의 경고가 생각날 것이다. 그래서 이사야 55장이 기록되어 있는 두루마리를 찾아 이리저리 헤매다닐 것이며, 그 두루마리를 용케 찾았다 해도 그것을 읽는 동안 주변에서 들리는 모든 것이 붕괴하는 굉음 때문에 몹시 두려울 것이다. 그러면 이제 본문을 읽은 뒤, 아래의 질문들을 묵상하라.

• 당신이 현재 어떤 고통을 당하고 있다면, 그 고통에 비추어 본문을 읽어보라. 어떤 느낌이 드는가?

• 본문은 하나님에 대해 무엇을 말하고 있는가?

• 본문을 읽으면서 미래에 대한 당신의 태도는 어떻게 달라졌는가?

▶ 하나님이 과거에 그분의 백성의 삶에 간섭하셨던 것을 돌아볼 때, 당신의 미래에 대해서는 무엇을 확신할 수 있는가?

과제

이사야 55장을 읽으면서 하나님의 깊은 사랑을 헤아려보라. 정말로 중요한 것은 심판과 고통에 대해 예언하는 본문 속에서도 그분의 사랑을 감지하는 법을 배워야 한다는 것이다. 그러면 하나님의 본성이 변치 않는 이상, 그분의 넘쳐 흐르는 축복과 마찬가지로, 그분이 죄에 대해 징계하실 때도 변함없이 우리를 사랑하신다는 것을 알 수 있다. 이다음에 성경을 읽다가 암울하고 달갑지 않은 본문을 만나면, 그 속에서도 하나님의 사랑이 어떻게 역동적으로 활동하고 있는지 눈여겨보라.

07 | 연애편지를 읽는 마음으로 성경 읽기

오늘의 본문 요한복음 3:16-17 **예상 소요 시간** 30분

"진정으로 성경을 이해하고 싶다면, 읽는 법을 배워야 한다. 더 잘, 더 빠르게, 처음 대하듯, 연애편지 읽듯 성경을 읽는 법을 습득해나가야 한다. 하나님께서 당신과 대화하기 원하셔서 성경 속에 그분의 마음을 쏟아놓으셨다는 사실을 생각해 보라." 『삶을 변화시키는 성경연구』 97쪽

성경에서 하나님의 사랑을 단적으로 보여주는 말씀으로 가장 많이 언급되는 부분은 아마도 요한복음 3장 16절일 것이다. 그렇지만 이 본문을 구체적이고도 상세하게 살피지 않는다면, 이 본문은 비인격적인 말씀으로 전락해버릴 가능성이 농후하다. 우선 요한복음 3장 16–17절을 읽어보자.

"하나님이 세상을 이처럼 사랑하사 독생자를 주셨으니 이는 그를 믿는 자마다 멸망하지 않고 영생을 얻게 하려 하심이라 하나님이 그 아들을 세상에 보내신 것은 세상을 심판하려 하심이 아니요 그로 말미암아 세상이 구원을 받게 하려 하심이라."

▶ "세상"이라는 말 대신 좀 더 인격적이면서도 구체적인 용어를 대입해보자. 아래에 "세상"이라는 말을 대치할 만한 예를 몇 가지 제시해놓았으니, 그 가운데서 마음에 드는 사람을 골라 빈칸에 적으라.

"하나님이 ________을(를) 이처럼 사랑하사 독생자를 주셨으니 이는 그를 믿는 자마다 멸망하지 않

고 영생을 얻게 하려 하심이라 하나님이 그 아들을 ________에게 보내신 것은 ________을(를) 심판하려 하심이 아니요 그로 말미암아 __________이(가) 구원을 받게 하려 하심이라."

• 직장 상사	• 도움이 필요한 아이	• 이웃 사람
• 직장 동료	• 교회 성도	• 과거에 알고 지내던 사람
• 배우자	• 자신	• 평생의 숙적

▶ 당신은 이들을 향한 하나님의 사랑이 당신을 향한 사랑보다 크다고 생각하는가, 아니면 작다고 생각하는가? 그렇게 생각하는 이유는 무엇인가?

▶ 하나님의 눈으로 사람들을 보려 할 때, 그들과의 관계에서 변화되어야 할 부분은 무엇인가?

요한복음 3장 16-17절을 나를 향한 하나님의 말씀으로 받아들인다면, 훨씬 더 친밀하고 친숙하게 이 말씀을 대할 수 있을 것이다. 이것은 다른 성경 본문도 마찬가지다. 만일 우리를 향한 하나님의 사랑이 분명하고 명확하지 않다면, 우리도 비그리스도인들의 눈에 견고한 그리스도인으로 비치지 않을 것이다.

08 | 생각하며 읽기

오늘의 본문 창세기 5:21-31, 7:11 **예상 소요 시간** 15~30분

"관찰 과정에서 당신은 본문의 의미를 파악하는 데 필요한 실마리를 찾는 탐정처럼 관찰해야 한다. 탐정들의 경험에서 알 수 있듯, 사건의 실마리를 푸는 데는 여러 방법이 있다."
『삶을 변화시키는 성경연구』 103쪽

오늘 살펴볼 본문은 대부분의 사람들이 읽기 싫어하는, '낳고…낳고'로 이어지는 족보다. 그러나 오늘 본문에는 아주 유명한 사람이 몇몇 언급되는데, 노아가 그 대표적인 인물이다. 그리고 노아 외에도 우리가 반드시 알아야 할 두 사람의 이름이 나온다.

만일 그 당시에 기네스북이 있었다면, 므두셀라는 가장 장수한 사람으로 기록되었을 것이다. 당신이 지금 969살이라고 가정하고 정확히 몇 년도에 태어났는지 헤아려보라. 그리고 969년을 살아오는 동안 겪었을 수많은 변화에 근거하여, 므두셀라가 과연 어떤 사람이었을지도 추측해보라(단, 고령의 나이에도 불구하고 므두셀라는 여전히 명철하였으며, 판단력 또한 뛰어났다는 것을 유념하기 바란다).

▶ 에녹 또한 반드시 알고 넘어가야 하는 사람이다. 에녹의 생애에서 특기할 만한 점이 있다면 무엇인가?(5:21-24)

▶ 이렇게 간단한 관찰을 위해 너무 골똘하게 생각할 필요는 없다. 그래도 탐정처럼 온 육감을 곤두세워 한 절 한 절 치밀하게 읽었다면, 아마도 지금쯤은 "므두셀라도 노아 홍수 때 죽었을까?"라는 질문을 던질 수 있을 것이다. 이 질문에 대한 답은 스스로 찾아보라.

- 라멕이 태어났을 때 므두셀라는 몇 살이었는가?(5:25)

- 노아가 태어났을 때 라멕은 몇 살이었는가?(5:28)

- 하나님이 홍수로 세상을 쓸어버리셨을 때 노아는 몇 살이었는가?(7:11)

덧셈 실력이 형편없지 않다면, 노아 홍수가 일어났을 때 므두셀라가 몇 살이었는지 쉽게 계산할 수 있을 것이다.

주의 깊게 읽었다면, 므두셀라가 노아 홍수가 일어나던 해에 죽었다는 사실을 발견할 수 있을 것이다. 물론 그가 당시 사람들과 함께 홍수에 휩쓸려 죽었는지 아닌지는 알 수 없지만 말이다. 그러나 평생 하나님과 동행하다가 죽음을 맛보지 않고 하나님께로 돌아간 그의 아버지 에녹과 마찬가지로, 므두셀라도 평생을 의인으로 살다가 홍수가 일어나기 바로 직전에 생을 마감하지 않았을까라는 질문 정도는 제기해볼 수 있을 것이다. 아니면 그 반대로 그는 아버지가 섬기던 하나님을 저버리고 하나님의 마음을 "근심으로 가득차게"(창 6:6) 했던 당대의 악한 사람들과 구별 없이 살다가 홍수에 휩쓸리는 비운을 맞지 않았을까 하는 질문도 제기해볼 수 있을 것이다.

우리가 모든 질문에 답할 수 있는 것은 절대로 아니다. 그러나 주의 깊게 읽는다면, 성경의 심오함과 신비로움에 대해 좀 더 수준 높고 진보된 질문을 던질 수 있을 것이다.

09 | 생각하며 읽기

오늘의 본문 누가복음 17:11-19 **예상 소요 시간** 30~60분

"성경을 대할 때는 '생각'이라는 모자를 써야 한다. 멍한 상태로 성경을 읽어서는 안 된다. 성경을 읽을 때도 다른 중요한 일을 할 때와 같은 자세가 필요하다." 『삶을 변화시키는 성경연구』 104쪽

▶ 누군가가 당신에게 "제가 하나님이 명하신 대로 다 행하면 하나님이 기뻐하실까요?"라고 질문한다면, 어떻게 대답하겠는가?

▶ 대부분의 그리스도인들은 순종이 하나님을 기쁘시게 한다는 사실에 동의한다. 성경 가운데 이 점을 분명히 해주는 본문이 하나 있는데, 그것은 바로 예수님이 열 명의 문둥병자를 고치신 누가복음 17장 11-19절이다. 당신은 지금까지 이 기사를 여러 차례 듣고 읽었을 것이다. 그렇다면 정신을 집중하여 주의 깊고 세밀하게 읽은 적은 과연 몇 번이나 되는가?

▶ 누가복음 17장 11-19절을 읽은 다음, 아래의 질문에 답하기 전에 몇 분 정도 이 기사에 대해 깊이 묵상하는 시간을 가지라.

- 열 명의 문둥병자는 예수님께 무엇을 요청했는가?

- 그들의 요청 속에 숨겨진 진정한 간구는 무엇이었는가?

- 예수님은 그들에게 어떻게 하라고 말씀하셨는가?

- 예수님의 명령에 순종한 사람은 열 명 가운데 정확히 몇 명이었는가?

- 사마리아인 문둥병자는 무리에서 이탈하여 예수님께로 돌아왔는데, 그 이유는 무엇이었을까?

- 예수님이 겉으로는 순종하는 것처럼 보였던 아홉 명의 문둥병자에게 실망하신 이유는 무엇이었을까?

▶ 이 이야기를 통해 볼 때, 당신은 하나님이 우리의 무조건적인 순종을 항상 기뻐하신다고 생각하는가? 그렇다면 그 이유는 무엇이고, 그렇지 않다면 그 이유는 무엇인가?

▶ 이 이야기에서 우리가 배울 수 있는 교훈은 무엇인가?

10 | 반복해서 읽기

오늘의 본문 출애굽기 20:1-21 **예상 소요 시간** 날마다 30분씩

"성경은 무한한 지구력을 지니고 있다는 점에서 놀라운 책이다. 성경은 사람들이 아무리 반복해서 읽어도 그 내용이 빈곤해지지 않는다. 실제로 이런 점이 성경과 다른 책의 차이다."

『삶을 변화시키는 성경연구』 108–109쪽

당신은 아마 십계명을 잘 알 것이다. 그렇다 하더라도 이번 주는 특별히 시간을 따로 떼어 십계명을 하루에 한 번씩 읽도록 하자. 지겨울 것 같은가? 그러나 그렇게 하는 동안 당신이 잘 알고 있다고 생각한 이 식상한 본문에서 전에는 주목하지 못했던 새로운 것들을 발견하게 될 것이다.

첫째 날 본문을 읽기 전에 먼저 십계명을 얼마나 외우고 있는지 확인해보라. 열 개 가운데 서너 개만 외우고 있어도 평균은 된다고 할 수 있다. 그런 다음 출애굽기 20장 1–21절을 펴서 당신이 얼마나 잘 외웠는지 확인해보라. 그리고 지금까지 설교나 책 등을 통해 이 본문에 대해 배우고 알게 된 것이 있다면, 그것을 되새겨보는 시간을 가지라.

둘째 날 오늘은 출애굽기 1장부터 20장까지를 읽어보라. 이 가운데 일어난 수많은 사건들에 비추어볼 때 십계명은 과연 어떤 의미를 갖고 있는 것 같은가?

셋째 날 당신이 애굽의 노예 생활에서 해방되어 시내 산 기슭에 다다른 이스라엘 백성 가운데 한 명이라고 상상해보라. 그렇다면 당신은 처음으로 십계명을 듣는 사람일 것이다.

모세의 육성으로 십계명을 직접 듣는다면 어떤 느낌이 들 것 같은가? 그 이유는 무엇인가?

넷째 날 출애굽기 20장 1-21절을 둘 이상의 역본으로 읽어보라. 어떤 차이점을 발견할 수 있는가?

다섯째 날 십계명을 녹음한 테이프를 구할 수 있다면 구하되, 듣지는 말고 대신 출애굽기 20장 1-21절을 직접 소리내어 읽어보라. 이스라엘 백성은 소리내어 읽으며 십계명을 외웠다. 당신은 성경을 듣는 것을 좋아하는 편인가, 아니면 읽는 것을 좋아하는 편인가? 그 이유는 무엇인가?

여섯째 날 출애굽기 20장 1-21절을 다시 한 번 읽되, 이번에는 십계명의 순서에 어떤 중요한 의미가 담겨 있는지 생각하면서 읽으라. 과연 십계명의 순서는 우선순위대로 매겨진 것일까? 만약 십계명을 현재의 순서와 상관없이 뒤죽박죽으로 섞어놓아도 그 효과가 지금과 같을까? 또 십계명을 몇 개의 그룹으로 나누어 분류한다면, 어떻게 나눌 수 있을까?

일곱째 날 출애굽기 20장 1-21절을 읽는 것도 오늘이 마지막이다. 그러므로 십계명에 대해 지금까지 발견한 것 외에 서너 가지를 더 발견할 때까지 집중해서 읽으라.

NOTE

요즈음 같은 인터넷 세상에서는 어떤 본문을 찾고자 할 때 그 가운데 나오는 단어 하나만 입력해도 다양한 역본을 손쉽게 내려받을 수 있다.

11 | 반복해서 읽기

오늘의 본문 로마서 5장　　**예상 소요 시간** 매일 30분

"전공 분야의 책은 두세 번 읽고 나면 더는 읽을 필요가 없을 정도로 그 내용에 통달하게 된다. 책꽂이에 꽂아두고 다시 들춰볼 필요가 없다. 그러나 성경의 경우는 절대 그렇지 않다. 읽고 또 읽어도 다시 읽을 때마다 새로운 내용이 보인다." 『삶을 변화시키는 성경연구』 109쪽

성경에는 반복해서 읽지 않으면 그 의미를 온전히 깨달을 수 없는 본문이 많다. 로마서야말로 그러한 본문들로 이루어진 책이라고 할 수 있다. 이번 주에는 로마서 5장을 묵상하자.

첫째 날 로마서 5장을 읽은 뒤, 삼십 분 정도 시간을 내서 당신이 명확하게 이해하는 부분과 그렇지 못한 부분을 구별하라. 그런 다음 마음속에 떠오르는 질문들을 적어두라.

둘째 날 로마서 5장을 앞뒤 문맥 속에서 제대로 파악하려면 1장부터 5장까지 내리읽는 작업이 필요하다. 그러므로 오늘은 로마서를 1장부터 5장까지 통독하라. 그리고 일단 로마서를 5장까지 다 읽었으면, 1-4장 사이에서 언급된 단어나 구절이 5장에도 나오는지 유심히 살피고, 나오는 것은 하나도 빠짐없이 기록하라(주의: "그러므로"로 시작하는 구절은 앞의 내용을 언급하는 경향이 있다).

셋째 날 본문을 낭독한 테이프를 구하라(구하기 어렵다면, 다른 사람에게 읽어달라고 부탁하거나, 혼자 소리내어 읽어도 된다). 그리고 주의 깊게 들으면서 반복되는 단어나 구절에 귀를 기

• 이 책에서만 발견할 수 있는 특별한 가르침은 무엇인가? 그리고 그 가르침 가운데 성경의 다른 책에서도 메아리치고 있는 것은 무엇인가?

• 저자의 글 쓰는 스타일(문법, 구문, 단어 선택, 비유와 직유 사용, 반복 등)에서 특별히 주목할 만한 점은 무엇인가?

• 그 밖에 당신이 중요하다고 생각하는 것은 무엇인가?

■■■■ "인내하며 성경을 읽을 때 필요한 두 개의 열쇠는 먼저 본문에 대해, 그리고 자신에 대해 인내해야 한다는 것이다." 『삶을 변화시키는 성경연구』 119쪽

13 | 분석적으로 읽기

오늘의 본문 창세기 11:27-12:9 **예상 소요 시간** 30분

"성경을 분석적으로 읽으려면 성경 속 진리들을 낚는 데 필요한 바른 미끼를 선택해야 한다. 다음은 어떤 본문을 대하든 꼭 던져야 할 여섯 가지의 미끼와 같은 질문들이다… '등장인물들이 누구인가? 이 단락에서 무슨 일이 벌어지고 있는가, 사건이 일어나는 곳은 어디인가? 언제 이 일은 벌어졌는가? 하나님은 왜 이 사건을 성경에 기록하셨을까? 이 사건이 내 삶에 어떠한 변화를 가져다줄까?"

『삶을 변화시키는 성경연구』 122, 127쪽

아브라함이 자기 집을 떠나 가나안으로 가라는 명령을 받았다는 사실은 누구나 알고 있다. 그리고 그리스도인들은 이 대목을 읽을 때마다 아브라함이 너무도 신실하고 순종적이었다는 사실 때문에 감탄하곤 한다. 그러나 이 이야기를 분석적으로 읽은 사람은 그리 많지 않을 것이다. 그러므로 오늘은 아래의 여섯 가지 질문을 본문에 적용시키며, 하나님 말씀에 대한 아브라함의 순종을 새로운 차원에서 조망해보자. 그러면 아브라함이라는 인물을 새로운 시각에서 볼 수 있을 것이며, 그의 순종도 한층 높게 평가할 수 있을 것이다.

▶ 창세기 11장 27절-12장 9절을 읽고, 아래 질문에 대한 답을 본문에서 찾으라.

- 본문에는 어떤 사람들이 언급되고 있는가?

• 무슨 일이 일어나고 있는가?

• 이 사건이 일어나고 있는 장소는 정확히 어디인가?(본문에 언급된 장소를 다 찾아보려면 성경 지도가 필요할 것이다.)

• 이 사건이 일어난 때는 언제인가? 그러나 정확한 연도를 찾아내려고 너무 고심할 필요는 없다. 중요한 것은 성경 역사의 흐름 속에서 이 시기가 어떤 중요한 의미를 갖고 있는지 알아내는 것이지 정확한 연도를 찾아내는 것이 아니기 때문이다(이 경우, 가장 근접한 시기에 일어난 주목할 만한 사건은 창세기 11장 1-9절에 나오는 바벨탑 사건인데, 여기에서 우리는 사람들을 온 지면에 흩으시려는 하나님의 마음을 읽을 수 있다).

• 하나님이 이 이야기를 성경에 기록하신 이유가 무엇이라고 생각하는가?(왜 하나님은 이 이야기를 아브라함에서부터 시작하지 않고 그 아버지 데라에서부터 시작하셨을까? 그리고 아브라함의 일가친척과 그가 우르에서 꾸렸던 안락한 가정에 대해 언급하는 이유는 무엇일까? 또한 사라를 아브라함의 아내로 소개하며 그녀가 잉태치 못하였다는 말을 덧붙이는 이유는 무엇일까?)

• 끝으로, 하나님이 이 이야기를 성경 안에 포함시키셨다는 사실에서 우리가 반드시 배워야 할 점은 무엇일까? 그리고 고대에 일어난 이 작은 이야기가 오늘 당신의 삶에는 어떻게 연관될 수 있을까?

본문을 분석적으로 읽음으로써, 예전에는 발견하지 못했던 가족 간의 유대와 사랑에 대해 좀 더 많은 것을 알게 되었는가? 아브라함은 새로운 땅으로 가라는 명령에만 순종한 것이 아니라 "너의 고향과 친척과 아버지의 집을 떠나"(창 12:1)라는 명령에도 순종했다. 대부분 사람들은 하나님의 명령을 따르는 데 큰 어려움이 없을 때는 잘 순종한다. 그러나 안락한 가정과 일가친척보다 하나님을 더 우선순위에 두고자 하는 사람은 얼마 되지 않는다. 그런데 아브라함은 하나님의 부르심에 순종했을 뿐 아니라 하나님을 최우선순위에 두었으며, 그로 인해 엄청난 보상을 받았다.

14 | 분석적으로 읽기

오늘의 본문 마태복음 2:1-12, 누가복음 2:1-40 **예상 소요 시간** 30분

"하나님이 왜 이렇게 사소한 것들을 성경에 넣으셨는지 의아할지도 모른다. 왜 어리석고 별 의미 없어 보이는 사소한 것들을 상세한 기록으로 남겨 두셨는가? 그 이유는 인물들이 어떠한 과정을 통해 사건의 종착역에 이르게 되었는지 보여 주기 위해서다." 『삶을 변화시키는 성경연구』 123쪽

▶ 오늘 살펴볼 본문은 크리스마스 이야기로, 대부분 그리스도인들에게 너무 익숙해 지루할 정도다. 그래도 세밀하게 관찰하고 분석적으로 읽음으로써 다른 새로운 것을 발견할 수 있는지 보도록 하자. 마태복음 2장 1-12절과 누가복음 2장 1-40절을 읽고, 아래 질문에 답하라.

- 본문에는 어떤 인물들이 등장하는가? 익히 알려진 사람들뿐 아니라, 간과하기 쉬운 '단역'들까지도 유의해서 살펴보라.

- 본문에서 어떤 일이 벌어지고 있는가? 그리고 하나님은 어떤 다양한 방법으로 일하고 계신가?

• 이 사건이 일어나고 있는 장소는 어디인가?(그리고 이 장면을 연출한다면, 얼마나 많은 무대 장치가 필요하겠는가?)

• 시간적 배경은 언제인가?(정확한 연도를 아는 것보다는 이 시대에 어떤 중요한 역사적 사건이 일어났는지를 아는 것이 훨씬 더 중요하다.)

• 하나님이 이 이야기를 성경에 기록하신 이유는 무엇일까?(예수님이 세례를 받고 공생애를 시작하신 시점부터 기록할 수도 있었을 텐데, 그분의 탄생부터 기록한 이유는 무엇일까?)

• 이 이야기가 당신의 삶에 어떤 변화를 가져왔는가?(이 이야기가 당신에게는 그저 첫 번째 크리스마스에 대한 따뜻한 이야기일 뿐인가, 아니면 하나님이 우리에게 말씀하시려는 바를 내포한 의미심장한 이야기인가?)

NOTE

아기 예수 탄생 기사에는 많은 사람이 언급되어 있다. 그렇다면 이 기사는 예수님이 성인이 되신 후에 수많은 사람을 부르실 것을 암시하는 것은 아닐까? 만일 그렇다면 어떤 방법으로 그렇게 하실까?

15 기도하는 마음으로 읽기

오늘의 본문 요나 2장 **예상 소요 시간** 30~60분

"우리는 흔히 성경연구와 기도를 별개로 생각하지만, 실제로 이 둘은 불가분의 관계다. 사실 기도는 효과적인 성경연구의 열쇠다. 성경을 공부하기 전, 성경을 공부하다가, 공부하고 난 후에 기도하는 습관을 길러야 한다." 『삶을 변화시키는 성경연구』 129쪽

오늘은 성경 공부를 시작하기 전에, 이 공부를 통해 무엇을 얻고자 하는지 그리고 하나님이 당신에게 깨닫게 하시는 것이 있다면 그것이 무엇인지 밝히 보여주시기를 간구하라.

요나 2장을 한번에 다 읽으라.

본문을 다시 한 번 읽되, 이번에는 요나가 처한 상황과 비슷한 경험이 당신에게는 없는지 생각하면서 읽으라. 그리고 그러한 상황에 잘 대처할 수 있게 해달라고 간구하라.

이번에 요나 2장을 다시 한 번 읽으면 세 번째 읽는 것이다. 그러므로 이번에는 당신이 배운 관찰하는 기술을 적극 활용하면서 읽으라. 예를 들어,

- 요나가 물고기의 뱃속에서 드린 기도를 읽으며 당신은 어떤 중요한 점을 발견했는가?

- 요나가 처한 상황에 근거해볼 때 그의 기도에서 발견할 수 있는 것은 무엇인가? 그의 정직함? 그의 마음 상태? 혹은 그 경험으로부터 무언가 배우려고 하는 적극적인 자세?

- 이 기도가 요나에 대해 시사하는 바는 무엇인가? 그리고 하나님에 대해 시사하는 바는 무엇인가?

- 요나가 이러한 곤경에 처하기 전에 멈추어 기도했더라면, 상황이 어떻게 달라졌을 것 같은가?

삶이 순탄하지 않을 때에도 한결같은 사랑으로 당신을 지켜보시는 하나님께 감사하고, 앞으로 어떤 시험을 만나도 그분께 순종할 것을 다짐하는 기도로 오늘 공부를 마무리하라.

16 | 기도하는 마음으로 읽기

오늘의 본문 에베소서 3장 **예상 소요 시간** 30~60분

"성경을 효과적으로 읽는 여러 전략 중에서 기도하는 마음으로 공부하는 것이 가장 훈련이 필요한 전략이다." 『삶을 변화시키는 성경연구』 135쪽

에베소서 3장은 바울이 기도하는 마음으로 썼다고 알려진 편지다. 바울은 하나님이 자신과 동료들을 위해 하신 일만 생각하면 마음이 북받쳐 에베소 교인들을 위해 기도하지 않을 수 없었다. 수십 세기가 흐른 지금도 우리는 그의 편지에서 기도하는 바울의 마음을 느낄 수 있다.

▶ 우선 에베소서 3장 1-13절을 읽고, 아래 질문들에 대해 묵상하라.

- 바울은 무엇에 대해 깊이 감사하고 있는가?

- 본문에는 에베소 교인들(그리고 우리)이 마땅히 감사해야 할 어떤 '비밀스러운' 일이 있는데, 그것은 무엇인가?

• 이러한 사실에 근거해볼 때, 바울은 에베소 교인들(그리고 우리)이 어떻게 반응하기를 바란 것 같은가?

▶ 에베소서 3장 14-21절에 나오는 바울의 기도를 읽으라. 그런데 이 기도에서는 정작 바울의 신앙 고백은 거의 찾아볼 수 없다(다른 본문에서는 자신이 과거에 지은 죄에 대해 분명히 고백하고 있음에도 불구하고 말이다).

• 이 기도에서는 바울이 무엇을 갈망하고 있음을 엿볼 수 있는가?

• 바울은 하나님께 무엇을 간청하고 있는가?

• 에베소 교인들이 바울의 간구를 듣는다면 어떻게 느낄 것 같은가?

▶ 당신에게도 에베소서 3장 같은 기도를 하려는 마음이 있는가? 그렇다면 아래 사항들을 고려해 보라.

• 당신에게 간절한 마음으로 기도해야 할 구체적인 기도 제목이 있는가?(혹은 강권적으로 요구해야 할 약속 같은 것이 있는가?)

• 에베소서 3장에 나오는 기도 가운데 당신이 최근에 한 어떤 행동이나 생각에 대해 회개하기를 종용하는 문구는 없는가?

• 당신 주변에도 바울처럼 하나님이 최선으로 공급해주시기를 기도해주고 싶은 사람이 있는가?

기도하는 마음으로 성경을 읽으면 더 많은 것을 얻을 뿐 아니라, 한결 더 자연스럽고 효과적으로 기도할 수 있다. 지금까지 자신의 기도를 다른 사람과 비교하는 어리석음을 범해왔다면, 이제부터라도 그렇게 하지 마라. 기도는 하나님과 당신 둘만의 의사 소통 수단이기 때문이다. 그러므로 자신의 기도에만 온전히 집중하라. 그러면 하나님이 진정 어떠한 분인지 더 잘 알게 될 것이다.

17 | 상상력을 발휘하며 읽기

오늘의 본문 다니엘 6장　**예상 소요 시간** 30~60분

"슬픈 일이지만 실제로 많은 사람이 성경을 매우 지루한 책이라고 생각한다…성경이 지루하게 느껴지는 이유는 지루한 방법으로 성경을 대하기 때문이다." 『삶을 변화시키는 성경연구』 136쪽

다니엘 6장을 읽으며 이 유명한 이야기에 대해 당신이 어떠한 사실들을 알고 있는지 되짚어보라. 그런 다음 상상력을 발휘하여 당신이 다니엘이라 생각하고 본문을 다시 한 번 읽으라.

▶ 당신이 다니엘이라면, 지금 어떤 기분이 들겠는가? 하나님을 믿는 사람이라고는 당신 하나밖에 없는 살벌한 상황 속에서 하나님에 대한 믿음을 저버리지 않기 위해 남들과 다른 길을 가고 있는 자신의 모습을 상상해보라. 그러한 상황에서 어떤 느낌이 들지는 말하지 않아도 뻔할 것이다. 그래도 그 같은 일이 실제로 일어난다면 어떤 기분이겠는가? 이를테면,

- 당신은 아무 잘못도 하지 않았는데, 동료들이 당신에게 잘못을 덮어씌우려고 한다면 어떤 기분이 들겠는가?

• 상사가 말로는 당신을 아낀다고 하면서도, 당신에게 부당한 압력을 가하는 직원들 앞에서 조금도 당신을 변호해주지 않는다면, 어떤 기분이 들겠는가?

• 당신이 유죄 선고를 받고 사형당하도록 하나님이 내버려두신다면 어떤 기분이 들겠는가?

• 하나님을 믿는 믿음 때문에 오히려 궁지에 몰리게 되었다면 어떤 기분이 들겠는가?

▶ 당신은 다니엘이 사자 굴 속에 던져졌을 때, 하나님이 보호해주실 거라는 확신이 그에게 있었을 것이라 생각하는가?

▶ 당신은 다니엘이 자신의 죽음이 임박했음을 예상했을 것이라 생각하는가?

▶ 아니면 그 반대로, 다니엘이 조금도 두려워하지 않았을 것이라 생각하는가?

▶ 만일 당신이 다니엘이라면, 어떤 생각을 했겠는가?

▶ 우리는 다니엘이 죽지 않았다는 것을 알고 있다. 그래도 그가 그 밤에 겪었을 두려움과 공포를 마음속으로 그려보자. 이를테면,

- 그는 사자 굴에서 하룻밤을 보냈다. 그렇다면 그는 사자들과 함께 있었을까, 아니면 사자들과 격리되어 사자들이 어슬렁거리는 소리만 들었을까?

- 사자 굴에서는 어떤 냄새가 났을까?(참고로 당시에는 사자들이 따로 배설하는 장소가 없었기 때문에 사자 굴은 더럽고 지저분하기 짝이 없었다.)

- 당신이라면 그 하룻밤을 어떻게 보냈겠는가?

- 사자 굴에 들어온 지 몇 시간이 지나도 손가락 하나 다치지 않았다면 당신은 더 담대해졌겠는가, 아니면 더 초조하고 불안해졌겠는가?

▶ 당신이라면 사자 굴에서 풀려난 후 다니엘처럼 온유하고 관대하게 왕을 대할 수 있었겠는가(21–22절)? 그리고 당신이라면 당신을 부당하게 참소한 사람들을 사자 굴에 넣으라는 명이 내려질 때 어떤 마음이 들었겠는가?(24절)

이러한 질문에 답하다 보면 당신에게도 여러 가지 질문이 떠오를 것이다. 이렇듯 상상력을 동원하여 성경을 읽다보면, 당신이 기대한 것 이상으로 성경이 생생하게 살아 있음을 경험하게 될 것이다.

18 | 상상력을 발휘하며 읽기

오늘의 본문 요한복음 2:1-11 **예상 소요 시간** 30~60분

"핵심은 본문을 다른 시각에서 보는 방법을 모색하는 것이다. 매일 같은 장소에서 정해진 시간에만 성경을 본다면, 틀에 박힌 습관처럼 되어서 새로움과 흥미를 상실할 가능성이 있다. 상상력을 발휘하며 성경을 읽었던 사람들을 통해 역사상 가장 위대한 미술 작품과 음악 작품들이 탄생했던 것을 생각해 볼 때, 틀에 박힌 방법으로만 성경을 읽는 일은 너무나 안타깝고 불행한 일이 아닐 수 없다."

『삶을 변화시키는 성경연구』 140쪽

요한복음 2장 1-11절을 읽으라. 이미 알고 있는 내용이겠지만, 그래도 상상력의 나래를 펴고 다시 한 번 읽어보라.

최근에 누군가의 결혼식에 참석한 적이 있다면, 그때의 경험을 떠올려보라. 그리고 신랑 신부가 피로 연장에 도착했는데, 음료수가 떨어지고 없다는 소리를 듣게 되었다고 가정해보라. 맛있는 케이크와 디저트들은 차고 넘치지만, 물 외에는 목을 축일 만한 것이 하나도 없다. 그리고 가까이 있는 상점이란 상점은 모두 문을 닫았다. 게다가 신랑 신부는 사태를 수습할 만한 어떤 대안도 없다. 이런 상황에서 그들은 어떤 기분이 들겠는가? 그리고 기뻐하고 즐거워해야 할 날에 뜻밖의 일로 당황하여 어쩔 줄 몰라하는 그들을 보고 있는 당신은 또 어떤 기분이 들겠는가? 하객들이 연신 물만 마시고도 아무 불평하지 않을 거라고 생각하는가?

이러한 상황을 머릿속으로 그리며, 가나의 혼인 잔칫집에 손님을 접대할 포도주가 떨어져 간다는 소식을 들으신 예수님의 기분이 어떠셨을지 상상해보라.

▶ 당신은 물로 포도주를 만든 이 사건이 예수님이 행하신 첫 번째 기적이라는 사실에 어떤 의미가 있다고 생각하는가?

▶ 당신은 예수님이 이 신랑 신부의 영적인 평안과 행복에만 관심이 있으셨다고 생각하는가, 아니면 그들의 육체적인 필요에도 관심이 있으셨다고 생각하는가? 현재 당신이 겪고 있는 고통과 어려움에 예수님이 어떤 관심을 갖고 계신다고 생각하는가?

이 기사를 아무런 상상력도 발휘하지 않고 읽는다면, 우리는 이것이 그저 예수님의 첫 번째 기적이라는 단순한 결론밖에 도출할 수 없을 것이다. 그러나 우리가 그 자리에 참석한 하객이라고 가정한다면, 우리는 삶에서 부딪히는 모든 문제와 난처한 일에 세심한 관심을 갖고 계시는 하나님의 사랑을 엿볼 수 있을 것이다.

또한 내가 지금 노아의 방주에 타고 있고, 다니엘과 함께 불타는 풀무 가운데 서 있으며, 예루살렘이 멸망하는 것을 지켜보고 있고, 말구유에 계신 예수님을 경배하고 있으며, 거대한 폭풍우 속에서 배가 난파해 바울과 함께 작은 널빤지에 목숨을 맡기고 있다고 상상하며 성경을 읽는다면, 하나님은 우리가 어려울 때 우리에게 더 많은 관심을 갖고 계신다는 사실을 분명히 확인할 수 있을 것이다.

물론, 상상력이 빈곤하다면 다른 사람보다 몇 배는 더 노력해야 한다. 그러나 그것이 절대 손해가 아니라는 것을 우리는 경험으로 알고 있다. 분명 당신은 당신의 노력에 비해 엄청난 혜택과 유익을 누리게 될 것이다.

19 | 묵상하며 읽기

오늘의 본문 사무엘하 6:1-8 **예상 소요 시간** 적어도 하루

LIVING BY THE BOOK WORK BOOK

"하루를 시작하기 전, 커피 마시는 시간, 점심시간, 퇴근길, 잠들기 전에 하나님 말씀을 묵상하도록 시간을 잘 활용해야 한다." 『삶을 변화시키는 성경연구』 148쪽

사무엘하 6장 1–8절을 읽고 아래의 질문들을 훑어보되 아직 답하지는 말라. 적어도 하루 정도는 시간을 두고 틈날 때마다 이 이야기가 갖는 의미에 대해 깊이 묵상하라. 그 후에 답해도 늦지 않다.

1. 이 사건이 일어나기 전에 어떤 일이 있었는지 알고 있는가?(혹시 모른다면, 사무엘하 1장부터 5장까지 읽으라.)

2. 웃사는 어떤 사람이었는가?

3. 웃사가 도대체 얼마나 큰 잘못을 저질렀길래 즉사하게 되었을까? 만일 그렇게 행동하지 않았다면 그는 어떻게 되었을까?

4. 당신은 하나님이 웃사에게 내리신 즉각적인 심판이 너무 가혹하다고 생각하는가? 그렇다면 그 이유는 무엇이고, 또 그렇지 않다면 그 이유는 무엇인가?

5. 어떻게 했더라면 이 비극적인 상황을 미연에 방지할 수 있었겠는가?(출애굽기 37장 1–5절을 참고하라.)

6. 웃사가 여호와의 궤를 만져 즉사하는 일이 일어나기 전에도, 여호와의 궤를 들여다본 대가로 칠십 명이나 되는 사람이 죽는 일이 있었다(삼상 6:19–20). 비록 웃사가 하나님의 궤를 떨어지지 않게 하려는 선한 의도로 궤를 잡았다고는 하지만, 그래도 궤에 손이 닿는 순간 죽고 말았다. 그러나 다윗이 이 궤를 근처에 있는 어느 집에 안치시키자 그 집은 여호와의 궤가 머무는 동안 축복을 받았다. 그러면 겉으로는 상이한 듯 보이는 이 두 이야기가 여호와의 궤와 하나님에 대해 시사하는 바는 무엇일까?

7. 당신은 이 이야기가 웃사에 대한 것이라고 생각하는가, 아니면 하나님에 대한 것이라고 생각하는가? 그 이유는 무엇인가?

8. 최근에 당신은 "왜 하나님은 나에게 이런 일이 일어나게 하실까?"라고 생각한 적이 있는가? 혹은 누군가에게서 그런 말을 들은 적이 있는가? 있다면 언제였는가? 그러면 본문에서 그러한 상황에 적용할 수 있는 것은 무엇인가?

9. 이 밖에 웃사의 이야기에서 배울 점은 무엇인가?

20 | 묵상하며 읽기

오늘의 본문 로마서 8:28-39　　**예상 소요 시간** 적어도 하루

"동양의 명상가들은 선(禪)을 통해 마음을 비우라고 가르친다. 성경의 가르침과는 정반대다. 성경적 묵상은 하나님이 계시하신 진리를 오히려 우리의 마음에 가득 채우는 것을 의미한다…솔직히 말해, 내 삶에 하나님이 일으키신 커다란 변화들은 묵상을 통해 이루어졌다. 그저 단순하게 하나님의 말씀이 내 생각을 여과하고 스며들도록 함으로, 주님이 내 일상에 들어오시게 한 것이다. 내가 깨달은 교훈은 성경은 간단한 스냅 사진이 아니라, 오랜 시간 노출이 필요한 사진이라는 것이다."

『삶을 변화시키는 성경연구』 146, 148쪽

이번 과에서는 힘과 위로를 주는 본문을 살펴보려고 한다. 지난 과와 달리 이번에는 묵상할 질문이 하나밖에 없는데, 지난 과에서와 마찬가지로 오늘도 본문과 질문을 읽기만 한 뒤, 대답은 내일(혹 더 원한다면 모레나 그 다음 날로)로 미루라. 그것은 본문에 대해 곰곰이 생각하는 시간을 갖기 위해서다. 그렇게 오늘 하루를 보낸 뒤 질문에 대답할 준비가 되었다고 느껴지면, 그때 질문에 답하라.

바울은 본문에서 놀라운 약속을 많이 하고 있다. 그리고 그는 "우리가 넉넉히 이기느니라"(37절)라고 선언하는데, 오늘 당신이 대답해야 할 질문이 바로 "'넉넉히 이기느니라'가 의미하는 바는 무엇이며, 어떻게 하면 그 말씀이 우리 삶에 역사하게 할 수 있겠는가?"이다.

21 | 목적을 이해하며 읽기

오늘의 본문 예레미야 38장　**예상 소요 시간** 45분

"목적을 이해하며 성경을 읽는다는 것은 저자의 의도를 찾아낸다는 뜻이다. 성경의 어느 한 구절도 우연히, 의미 없이 들어가 있지 않다. 단어 하나하나가 전체의 의미에 공헌을 하고 있다. 성경을 읽을 때 우리의 과제는 바로 그 의미를 찾는 것이다." 『삶을 변화시키는 성경연구』 151쪽

별다른 생각 없이 읽으면 예레미야 38장은 아주 재미있는 한 편의 이야기 같다. 그러나 목적의식을 갖고 주의 깊게 읽어보면 많은 것을 발견할 수 있다. 그러므로 한 번이라도 좋으니 주의 깊게 읽으면서 본문을 제대로 이해하려고 노력하기 바란다. 그렇게 목적을 이해하며 읽으려고 노력함으로써 당신이 얼마나 많은 정보를 얻을 수 있는지 발견한다면 아마 너무 놀라 입을 다물지 못할 것이다(필요하다면, 다른 자료들을 사용해도 좋다. 그런 것을 통해서도 많은 도움을 받을 수 있기 때문이다).

본문에 나오는 주어와 목적어, 수식어와 전치사구 등을 한 번에 면밀하게 검토하기에는 본문이 길다. 그러나 그러한 것들을 일일이 다 파악할 수는 없다 해도, 예레미야만의 독특한 문학적 특징 한 가지 정도는 발견할 수 있지 않을까?(이를테면, 현재 시제 대 미래에 대한 예언들, 혹은 '그러나' '~고'와 같은 중요한 접속사들)

▶ 이 장은 문법적 구조를 통해 글을 쓴 목적에 접근하기보다는 문학적 구조를 통해 목적과 의도를 검토하는 것이 훨씬 빠른 장이다. 예를 들어, 본문에 나오는 예레미야가 구덩이에 던져진 것은 그의 일대기에서 아주 중요한 사건이다. 그렇다면 이 본문은 당신이 예레미야에 대해 이미 알고 있는 바와 일맥상통하는 점이 있는가? 만약 있다면 어떻게 연결되고 있는가?

▶ 역사적 배경에 근거해볼 때, 이 사건은 바벨론 제국이 그 위력을 한껏 과시하던 때에 일어났다. 그렇다면 이 사실은 본문에서 일어나고 있는 사건에 어떤 중요한 영향을 미치는가?

▶ 이 사건의 공간적 배경이 되는 장소는 예루살렘이다. 이것이 이 본문에서 갖는 중요한 의미는 무엇인가?

▶ 이 장이 당신이 예레미야에 대해 알고 있는 전부라고 가정해보자. 그렇다면 그가 선포해야 하는 일차적이고 중요한 메시지는 무엇이겠는가?

앞으로 본문 외에 예레미야서의 다른 장들을 읽을 기회가 온다면, 오늘 공부하면서 내린 가정이 확증되는지, 아니면 지금과 다르게 생각하게 하는 어떤 새로운 정보를 발견하게 되는지 유의해서 보라. 그리고 한 가지 주의할 점이 있는데, 그것은 선지서를 읽을 때는 예레미야서는 물론이거니와 다른 선지서들도 반드시 연대기 순으로 쓰인 것은 아니라는 사실을 염두에 두어야 한다는 것이다. 한 사건이 다른 사건보다 먼저 기록되어 있으면, 읽는 독자로서는 그 사건이 당연히 먼저 일어난 것이라고 생각할 수밖에 없다. 그러나 선지서는 연대기 순으로 기록되어 있지 않으므로 선지서를 읽을 때는 통상적인 것과 다른 방법으로 접근해야만 순서에 대해 올바른 개념을 가질 수 있다.

22 | 목적을 이해하며 읽기

오늘의 본문 골로새서 1:15-29 **예상 소요 시간** 45분

"성경에 나타난 단어 중 가장 강력한 두 단어는 '그리고'와 '그러나'다…또 다른 중요한 접속사는 '그러므로'다. '그러므로'를 볼 때마다 다시 앞으로 가서 무슨 내용이 적혀 있는지 검토해야 한다."

『삶을 변화시키는 성경연구』 154, 155쪽

지난 과에서 역사와 일대기와 지리적 위치 등에 근거하여 목적의식을 갖고 읽을 수 있는 본문을 살펴보았다면, 이번 과에서는 문법적인 면을 상세히 검토함으로써 저자의 의도를 이해할 수 있게 해주는 본문을 살펴볼 것이다.

골로새서 1장 15-29절을 읽고, 아래 질문들에 답하라.

오늘 본문에는 '그러므로'라는 접속사가 전혀 나오지 않는다. 그렇다고 해서 바울이 이 서신을 쓴 목적을 유추하는 데 단서가 될 만한 접속사들을 하나도 찾을 수 없는 것은 아니다. 바울이 이 서신을 쓴 목적을 유추하는 데 도움이 되는 단어들로는 무엇이 있는지 눈여겨보라.

▶ 본문에서는 시제가 과거에서 현재로 왔다 갔다 하고 있다. 도대체 과거에 어떤 일이 일어났으며, 과거에 일어난 그 사건이 현재에는 어떤 영향을 미치고 있는가?

본문은 예수 그리스도에게 초점을 맞추고 있다. 그러므로 본문을 읽은 다음 예수 그리스도에 대해 알 수 있는 중요한 정보들을 가능한 한 많이 기록하라.

▶ 또한 본문은 서신의 저자인 바울에게 초점을 맞추고 있다. 그렇다면 본문을 통해 바울에 대해 알 수 있는 것은 무엇인가?

▶ 세 번째로 수취인들의 유익에 초점을 맞추고 있다. 이 편지를 통해 골로새 교회의 교인들은 수많은 가르침과 약속을 받는 혜택을 누렸다. 그리고 그것은 당신과 나에게도 해당된다. 당신은 개인적으로 이 본문에서 얼마나 많은 가르침과 약속을 받았는가?

▶ 끝으로, 23절에 보면 "만일"이라는 단어가 나오는데, 문맥상 이 단어는 굳이 쓰지 않아도 된다. 그럼에도 불구하고 바울이 23절을 이 단어로 시작하는 이유는 무엇이라고 생각하는가?

23 | 갈망하는 마음으로 읽기

오늘의 본문 당신의 재량대로　　**예상 소요 시간** 당신이 원하는 만큼

"다시 말해 성경을 읽되 그저 내용을 받아들일 뿐만 아니라, 간직하려는 열심을 품고 읽어야 한다. 단지 이해하는 것에 만족하지 않고 온전히 내 것으로 삼으려는 의도를 품고 읽어야 한다. 본문에 말뚝을 박고 이 말씀은 '내 것'이라고 주장해야 한다." 『삶을 변화시키는 성경연구』 162쪽

이번 과에서는 어떤 본문을 택하여 어떻게 공부할지에 대한 모든 재량권을 당신에게 위임하겠다. 단, 원하는 본문을 뽑되, 갈망하는 마음으로 읽으라. 그리고 이 세상에서 그 내용을 알고 있는 사람은 당신 한 사람뿐이라는 생각으로 어떻게 하면 좀 더 독창적인 방법으로 그것을 다른 사람에게 알려줄 수 있을지 고심하며 아래 순서대로 글을 써보라. 아래에 당신이 발췌한 본문을 생동감 있게 전할 수 있는 방법을 몇 가지 간추려놓았으니 참고하라.

- 본문을 토대로 짧은 촌극을 하나 만들라.
- 어떻게 연기하면 본문을 가장 효과적으로 표현할 수 있을지 상세하게 기술하라(인형극으로 꾸밀지, 마임으로 할지, 전통적인 드라마 형식으로 할지 등 당신이 생각하기에 관객에게 호감을 줄 수 있는 방법은 모두 동원하라).
- 본문을 당신 자신의 글로 고쳐 쓰라. 어쩌면 어린이극 형식을 띨 수도 있을 것이고, 아니면 뉴스 형식이 될 수도 있을 것이다. 이것도 저것도 아니면 친구에게 보내는 편지나 특별한 행사장에서 읽는 연설문 같은 형식이 될 수도 있을 것이다.
- 이번에는 탐정과 같은 자세로 본문을 철저히 조사하라. 참고 문헌을 뒤적여 본문에 언급되

는 사람과 장소 외에도 잘 알려지지 않은 이름이나 용어가 나오는지 검토하라.

- 본문에 나오는 가르침의 핵심을 한눈에 알릴 수 있을 만한 상징물이나 단어를 사용하여 깃발을 만들라.
- 그 밖에 본문에 대한 당신의 생각을 효과적으로 제시할 수 있다면 뭐든 다 동원해도 좋다.

우리가 지금까지 해온 성경 읽기 방법을 고수하고 싶다면, 먼저 구약에서 본문 하나를 정해 갈망하는 마음으로 읽은 다음, 신약의 본문 하나를 정해 갈망하는 마음으로 읽으면 된다. 이 워크북을 그룹으로 공부하고 있다면, 이번 과가 협력하는 기쁨과 즐거움을 맛볼 수 있게 해주는 아주 좋은 기회가 될 것이다.

▪▪▪▪ "말씀을 읽고 난 후에 성경을 덮어 그저 책꽂이에 꽂아두고 돌아선다면, 아무리 밑줄을 그어가며 자세히 읽는다 한들 무슨 소용이 있겠는가? 나의 목적은(당신에게도 동일한 목적이 있기를 바란다) 하나님의 말씀과 인격적인 교제를 통해 삶이 변화되는 것을 보는 것이다." 『삶을 변화시키는 성경연구』 163쪽

24 | 망원경적인 시각으로 읽기

오늘의 본문 예레미야애가 3:22-33 **예상 소요 시간** 45분

LIVING BY THE BOOK WORK BOOK

> "성경을 대할 때마다 이 책이 역사적으로 어디에 위치하는지 꼭 알아보도록 하라. 언제 기록되었고, 언제 그 사건이 벌어졌으며, 당시 세계정세는 어땠는지 등을 묻는 게 도움이 된다."
>
> 『삶을 변화시키는 성경연구』 169쪽

오늘 본문은 많은 사람이 즐겨 암송하는 구절로, 여기에서 우리는 하나님의 크신 사랑과 신실하심 그리고 언제까지나 영원한 그분의 긍휼하심을 엿볼 수 있다. 그야말로 긍정적이면서도 낙관적인 고백 아닌가?

이 구절을 인용하는 사람들 가운데 스스로를 본문에 대입시키는 사람은 아마 많지 않을 것이다. 이번 과에서 우리가 해야 할 일은 망원경적인 시각으로 본문에 접근하는 것이다. 그렇게 한 걸음 뒤로 물러서서 본문을 전체적인 흐름 속에서 살펴본다면, 본문이 예레미야애가의 한가운데에 자리하고 있다는 것을 발견할 수 있을 것이다. 참고로 예레미야애가는 일련의 장송곡이라고 할 수 있다.

▶ 우선 예레미야애가 3장 22-33절을 망원경적인 시각으로 읽어보라. 하나님에 대해 어떤 느낌이 드는가?

예레미야애가는 짧은 책이다. 그러므로 본문을 바른 맥락에서 이해할 수 있도록 전체를 앉은자리에서 독파하라. 단, 그냥 읽지 말고 이 시기에 일어났던 사건들을 꼼꼼히 정리하면서 읽으라(끝까지 다 읽었는데도 전쟁이나 참혹한 사건, 혹은 그 외 나쁜 일들을 하나도 발견하지 못했다면, 그것은 주의 깊게 읽지 않았음을 의미한다). 아울러 예레미야애가에 기록된 전쟁에 대해 역사적으로 좀 더 상세한 정보를 얻기 원한다면, 주석을 참고하는 것도 좋다.

▶ 예레미야애가 3장 22-33절을 다시 한 번 읽으라. 조금 전에 읽을 때 중요하다고 생각했던 부분이 아직도 중요하게 여겨지는가, 아니면 생각이 바뀌었는가? 바뀌었다면 어떤 식으로 바뀌었는가?

25 | 망원경적인 시각으로 읽기

오늘의 본문 히브리서 12:1-13 **예상 소요 시간** 45분

"실제로 성경을 공부하는 사람들이나 가르치는 사람들이 주로 하는 일은 성경을 쪼개고 또 쪼개어, 부스러기 빵 조각을 담은 바구니를 만드는 거라는 사실이다. 지금 우리에게 필요한 것은 이 토막 난 부분들을 다시 잘 맞춰서 의미 있고 강력한 메시지를 지닌 총체적인 성경을 되찾는 일이다. 그러므로 성경을 읽고 분석하여 부분들을 연구하는 것은 절반에 불과하다는 사실을 명심해야 한다. 나머지 절반의 작업은 부분들을 다시 종합하는 일이다." 『삶을 변화시키는 성경연구』 167쪽

▶ 히브리서 기자는 고난을 참고 견딤으로 좀 더 훈련된 자로 거듭나라고 권고한다. 히브리서 12장 1-13절을 읽고, 그가 말하려는 바가 무엇인지 한 문장으로 요약해보라.

"이러므로"라는 말은 본문이 시작하는 1절과 본문이 거의 끝나가는 12절 "그러므로"에 각각 한 번씩 나온다. 그런데 이 단어가 중요한 이유는 성경이라는 망원경을 통해 멀리 있는 것을 가깝고도 자세하게 볼 수 있게 해주는 실마리가 되기 때문이다. 한 걸음 뒤로 물러서서 우리가 올바른 방향으로 가고 있는지 점검하고, 또 본문을 제대로 이해하고 있는지 확인하기 위해 먼저 히브리서 11장 전체를 읽자.

▶ 12장에서 말하고자 하는 것을 뒷받침하기 위해 저자는 어디까지 거슬러 올라가는가?

▶ 저자는 12장에서 훈련에 대해 말하고 있다. 그렇다면 히브리서 11장은 12장에서 말하는 훈련에 무엇을 더하고 있는가?

▶ 히브리서 12장 1절에 나오는 "이러므로"라는 단어는 과거에 고단하고 힘든 삶을 살았던 사람들과 현재를 살아가고 있는 우리를 하나로 묶어주는 끈 같은 구실을 한다. 7절에서 "너희가 참음은 징계를 받기 위함이라"(7절)라고 권면한 뒤, 징계에 대한 말을 11절까지 이어가는데, 그렇다면 12절에 나오는 "그러므로"는 어디에 연결되는 것일까? 이에 대한 답을 발견하려면 12장 전체를 다 읽어보아야 한다. 그러면 12장이 끝나기 전에 다시 한 번 "그러므로"(28절)가 나오는 것을 발견할 수 있을 것이다. 저자는 예수님에 대한 이야기로 글을 시작해 현재 우리가 당하고 있는 고통 속으로 우리를 이끌어간다. 그렇다면 현재의 고통 다음에는 우리를 어디로 이끌어 갈까?

본문은 매력적이고 유익한 구절들로 가득 차 있다. 그러나 그것들을 망원경적인 시각으로 읽으며 서로를 연결시키는 작업을 하다 보면, 각 절이 맺고 있는 유기적인 관계가 그 한 절 한 절에 들어 있는 가르침만큼이나 큰 의미가 있음을 발견하게 될 것이다.

26 | 단락별로 공부하기

오늘의 본문 요나 4:5-8　**예상 소요 시간** 30~60분

LIVING BY THE BOOK WORK BOOK

"절이나 장이 아닌 단락이 성경연구의 기본 단위다…어쨌든 단락이 하나의 완성된 생각의 전개를 담고 있다. 단락은 어떤 주제나 생각을 다루는 서로 관련된 문장이나 진술들이 모인 것이다. 그러므로 단락은 관찰을 하기에 적절한 단위다." 『삶을 변화시키는 성경연구』 171쪽

지금까지 이 워크북으로 공부해오는 동안, 말씀을 구절별로 검토하고 다양한 관찰 기술을 길고 짧은 본문 속에 적용하는 연습을 많이 해보았을 것이다. 그러면 이번 과에서는 한 단락에 관심을 집중해보자.

오늘 우리가 발췌한 본문은 요나 4장 5-8절이다. 아래에 당신이 관찰한 것과 깨달은 바를 적을 수 있는 공간과 함께 본문을 실어놓았으니 유용하게 활용하기 바란다.

"요나가 성읍에서 나가서 그 성읍 동쪽에 앉아 거기서 자기를 위하여 초막을 짓고 그 성읍에 무슨 일이 일어나는가를 보려고 그 그늘 아래에 앉았더라 하나님 여호와께서 박넝쿨을 예비하사 요나를 가리게 하셨으니 이는 그의 머리를 위하여 그늘이 지게 하며 그의 괴로움을 면하게 하려 하심이었더라 요나가 박넝쿨로 말미암아 크게 기뻐하였더니 하나님이 벌레를 예비하사 이튿날 새벽에 그 박넝쿨을 갉아먹게 하시매 시드니라 해가 뜰 때에 하나님이 뜨거운 동풍을 예비하셨고 해는 요나의 머리에 쪼이매 요나가 혼미하여 스스로 죽기를 구하여 이르되 사는 것보다 죽는 것이 내게 나으니이다 하니라."

▶ 이 이야기는 요나가 물고기 배 속에서 삼 일을 지낸 기사만큼은 유명하지 않다. 그러나 우리가 요나에 대해 이미 알고 있는 것만으로도 본문을 통찰하기에는 충분하다. 아래의 관찰 질문들을 숙고하고, 마음에 떠오르는 질문이 있으면 기록하라.

• 어떤 도시가 언급되어 있는가?

• 요나는 왜 그 도시에 있지 않고 멀찍이 떨어진 곳에 앉아 그곳을 지켜보고 있었을까?

• 연대기적으로 볼 때, 이 이야기는 물고기가 요나를 삼킨 사건 앞에 오는가, 아니면 뒤에 오는가?

▶ 이 단락은 대조로 점철되어 있다. 그러면 아래 질문들에 내포되어 있는 의미를 숙고한 다음, 그 밖에 당신이 발견할 수 있는 대조점들은 무엇이 있는지 살펴보라. 아래 사항들에서 주목할 만한 차이점은 무엇인가?

• 성의 앞날에 대한 요나의 예상 대(對) 하나님의 예상

• 요나가 스스로 지은 초막 대 하나님이 요나를 위하여 예비하신 피신처

• 하나님이 벌레를 보내셨을 때 요나가 보인 반응 대 그 이전에 물고기를 보내셨을 때 보인 반응

• 하나님이 그늘을 선물로 주셨을 때 요나가 보인 반응 대 그것을 제거하셨을 때 보인 반응

• 그늘 아래에서 편안히 쉴 때 요나가 보인 반응 대 그늘이 사라져 뙤약볕 아래 있게 되었을 때 보인 반응

▶ 요나 1장 17절에 보면, 요나가 물에 빠져 죽게 되었을 때 하나님이 큰 물고기를 보내셔서 그가 물고기 배 속에 안전하게 있게 하신 사건이 나온다. 오늘 본문에서도 하나님이 요나를 위하여 세 가지를 준비하셨음을 발견할 수 있는데, 그것들은 무엇인가? 그리고 그것들로 인한 결과는 각각 어떠했는가? 당신은 이 단락을 통해 우리를 향하신 하나님의 공급하심에 대해 무엇을 배웠는가?

▶ 이 단락에서 당신이 관찰한 또 다른 것은 무엇인가?

27 | 단락별로 공부하기

오늘의 본문 고린도후서 4:7-12 **예상 소요 시간** 30~60분

"관찰한 내용에 제목을 붙여 보라…한 단어, 한 구절이 모두 중요하다."

『삶을 변화시키는 성경연구』 176, 178쪽

이번 과에서는 신약 성경에서 한 단락을 골라 공부하기로 하자. 지난 과에서와 마찬가지로 이번 과에서도 당신이 관찰하고 깨달은 것을 적을 수 있는 공간을 마련해두고, 그와 더불어 몇 가지 질문을 제시해놓았으니 유용하게 활용하기 바란다.

"우리가 이 보배를 질그릇에 가졌으니 이는 심히 큰 능력은 하나님께 있고 우리에게 있지 아니함을 알게 하려 함이라 우리가 사방으로 우겨쌈을 당하여도 싸이지 아니하며 답답한 일을 당하여도 낙심하지 아니하며 박해를 받아도 버린 바 되지 아니하며 거꾸러뜨림을 당하여도 망하지 아니하고 우리가 항상 예수의 죽음을 몸에 짊어짐은 예수의 생명이 또한 우리 몸에 나타나게 하려 함이라 우리 살아 있는 자가 항상 예수를 위하여 죽음에 넘겨짐은 예수의 생명이 또한 우리 죽을 육체에 나타나게 하려 함이라 그런즉 사망은 우리 안에서 역사하고 생명은 너희 안에서 역사하느니라."

이 단락에서는 고통과 삶과 죽음 등 많은 주제를 엿볼 수 있는데, 이것은 저자가 어떤 사람이며, 자신이 쓴 글에 대해 진정한 권위를 가졌는지 아닌지를 알게 해준다.

▶ 본문의 저자는 누구인가?

▶ 그가 첫 번째 문장에서 말하는 '보배'란 무엇을 가리키는 것인가?

▶ '질그릇'이 의미하는 것은 무엇일까? 그렇게 깨지기 쉬운 그릇에 '보물'을 담아둔다는 것이 어리석게 보이지 않는가?

▶ 저자는 고통에 대해 얼마나 알고 있었는가? 당신은 그가

- 고통받고
- 난처한 상황에 처하고
- 핍박받고
- 지병으로 괴로워하던

때를 하나라도 떠올릴 수 있겠는가?(구체적인 예를 들기 위해서는 다른 본문이나 자료들을 참고해야 한다.)

▶ 당신은 어떤가? 여기에 묘사된 상황에 자신을 연관시킬 수 있겠는가? 연관시킨다면 어떤 식으로 하겠는가?

▶ 우리는 어떤 식으로 "예수의 죽음을 몸에 짊어"지고 있는가?

▶ 10절에서 보면 "예수의 생명이 또한 우리 죽을 육체에 나타나게 하려 함이라"라고 하는데, 그렇다면 예수의 생명은 어떤 식으로 우리 몸에 나타나는가?

▶ "사망은 우리 안에서 역사하고"와 "생명은 너희 안에서 역사하느니라"는 어떻게 연결될 수 있겠는가?

▶ 이 단락을 읽는 동안 당신 마음에 떠오른 질문이나 관찰한 것들은 무엇인가?

28 | 강조되는 것 찾기

오늘의 본문 잠언 31:10-31　　**예상 소요 시간** 30분

"성령께서는 성경의 특정 개념이나 사건, 인물이나 또 다른 내용들을 강조하려고 여러 도구를 사용하신다. 그 가운데 네 가지 도구를 소개한다. (1) 할애된 지면 (2) 명시된 목적 (3) 순서 (4) 작은 것에서 큰 것으로, 또는 그 반대로의 전환." 『삶을 변화시키는 성경연구』 186–189쪽

몇몇 구도자들과 회의론자들이 성경에 대해 토로하는 불만 가운데 하나는 성경이 여성을 전혀 존중하지 않는다는 것이다. 어떤 이들은 하나님을 지칭하는 남성 대명사와 가부장들에게 바쳐진 수많은 찬사 그리고 심지어는 결혼 안에서 피차 복종하라는 가르침조차도 논쟁거리로 삼는다. 그러나 우리는 성경이 동시대에 쓰인 다른 어떤 작품보다 여성을 더 존귀하게 대하고 있다고 확신한다. 이유는 남성 위주의 이야기 속에서도 여성의 가치를 강조한 본문이 상당히 많다는 것을 확인했기 때문이다. 오늘 살펴볼 잠언 31장이 그 가운데 하나인데, 여기에 강조되어 있는 것들은 매우 중요하다.

▶ 잠언 31장 10–31절을 읽으라. 만일 이 찬사가 당신을 향한 것이라면 어떤 기분이 들겠는가?

▶ 잠언은 대부분 짤막짤막한 지혜들로 구성되어 있다. 그렇다면 본문에 상당히 긴 지면이 할애되어 있다는 점을 감안할 때, 그 내용을 어떻게 강조하고 있다고 할 수 있는가?

▶ 이 본문에 명시된 목적은 무엇인가?

▶ 본문이 잠언 맨 뒷장에 위치했기 때문에 본문의 내용이 강조되고 있다고 생각하는가, 아니면 그 반대라고 생각하는가?

▶ 저자는 또 어떤 방식으로 이 본문이 중요하다는 것을 강조하고 있는가?

▶ 이 본문에서 크게 강조되고 있는 자질은 무엇인가?

본문은 각자의 자리에서 고귀한 성품을 빛내며 살아가는 여성들을 칭송하기 위해 강조라는 기법을 효과적으로 사용하고 있다. 그러므로 저자가 들려주는 말에 귀 기울이자.

29 | 강조되는 것 찾기

오늘의 본문 누가복음 15장 **예상 소요 시간** 20분

LIVING BY THE BOOK WORK BOOK

"지금까지 본 바와 같이 성경을 대할 때 가장 먼저 염두에 두어야 할 것은 강조되는 것들을 찾아내는 것이다. 저자들은 신경을 써서 중요한 것들을 강조하는데, 위에서 언급한 네 가지의 강조법을 잘 기억하며 성경을 읽을 때 좀 더 쉽게 그것들을 찾아낼 수 있을 것이다." 『삶을 변화시키는 성경연구』 189–190쪽

▶ 탕자의 비유는 심금을 울리는 감동적인 이야기이자 가장 많이 사랑받는 비유 가운데 하나다. 그러면 당신은 그것이 성경에서 어떻게 강조되고 있는지 눈여겨본 적이 있는가?

▶ 누가복음 15장을 펼치면 맨 먼저, 잃어버린 양에 대한 비유를 만나게 된다(1–7절). 목자가 잃어버린 양은 과연 몇 마리였는가?

▶ 당시 사회에서는 양 한 마리가 얼마만큼의 가치를 갖고 있었을까?

▶ 잃어버린 양에 대한 비유 다음에는 잃어버린 동전에 대한 비유가 나온다(8-10절). 그렇다면 이 비유에 나오는 여자가 잃어버린 동전은 얼마짜리였는가?

▶ 당시 사회에서는 그 여자가 잃어버린 동전이 얼마만큼의 가치를 갖고 있었는가?(필요하다면 주석을 참조하라.)

▶ 비유의 거장이셨던 예수님은 잃어버린 양에 대한 이야기에서 잃어버린 동전에 대한 이야기로 그리고 탕자 이야기로 비유를 옮겨가신다. 누가복음 15장 11-32절을 읽고, 앞의 두 비유에 비해 탕자의 비유에는 얼마나 많은 지면이 할애되었는지 살펴보고, 그것이 이 비유를 강조하는 데 어떻게 쓰이고 있는지 생각해보라. 예수님이 이야기 순서를 이렇게 정하신 것은 맨 나중에 가장 좋은 것을 들려주시기 위해서라는 생각이 들지 않는가?

▶ 잃어버린 아들은 아버지에게 얼마나 소중한 존재였는가?

▶ 탕자의 비유가 독자에게 끼치는 영향은 막강하다. 게다가 예수님은 사소한 비유에서 중대한 비유로 옮겨가는 방법으로 독자에게 주는 감동을 배가시키고 있다. 본문을 누가복음 15장이라는 전체적인 맥락에서 살펴볼 때, 당신은 예수님이 이 비유를 특별히 더 강조하기 위해 어떤 방법을 쓰고 계시는지 발견할 수 있겠는가? 그리고 예수님이 그렇게 하신 이유는 무엇이라고 생각하는가?

30 | 반복되는 것 찾기

오늘의 본문 여호수아 1장 **예상 소요 시간** 30분

"반복보다 더 강력한 교육 수단은 없다. 만일 누군가에게 꼭 이해시키고 싶은 내용이 있을 때, 그 내용을 매 순간 반복해서 거듭 말하면, 분명히 이해시킬 수 있을 것이다." 『삶을 변화시키는 성경연구』 191쪽

수십 년 동안 신실하게 섬겨오던, 당신이 사랑하고 존경하는 스승을 대신해 이제 당신이 모임을 이끌어가게 되었다고 상상해보라. 당신도 훌륭하기는 하지만, 그래도 그렇게 큰 책임을 감당하기에는 아직 부족하고 벅찬 감이 있다. 게다가 당신의 경력은 남들 앞에 내세울 만큼 그렇게 대단하지도 자랑스럽지도 않다. 그래서 당신은 자신에 대해 큰 회의에 빠져 있다. '사람들이 과연 나를 지도자로 받아들여줄까? 혹 막중한 책임을 감당하지 못해 조직을 와해시키는 일은 일어나지 않을까? 전임자만큼 나도 많은 지지와 사랑을 받을 수 있을까?' 등으로 고민하면서 말이다.

▶ 당신이 이런 입장이라면, 이것 외에 어떤 걱정거리가 있겠는가?

▶ 그리고 어떤 격려와 칭찬의 말을 가장 많이 듣고 싶겠는가?

여호수아 1장을 읽으라. 본문은 하나님이 여호수아라는 나이 어린 지도자를 모세의 후임자로 세우시며 그에게 하신 말씀을 기록한 것이다. 지금 여호수아 앞에는 약속된 땅을 얻기 위해 함락해야 하는 수많은 견고한 성들과 여리고라는 무적의 성이 버티고 있다. 우리가 만일 여호수아였다면, 십중팔구 두려움으로 떨었을 것이다.

▶ 이 본문에는 어떤 말이 반복되고 있는데, 그것은 무엇인가?

▶ 이 말이 계속 반복되는 이유는 무엇일까?

▶ 여호수아는 누구로부터 이 말을 들었는가?(이 질문에 대해 두 개의 답을 발견할 수 있다.)

▶ 이것 외에 반복으로 강조되고 있는 말은 무엇인가?

어쩌면 당신은 "하나님이 말씀하셨다. 그러므로 나는 믿는다. 그에 대해 더는 왈가왈부할 필요가 없다"라는 말을 많이 들었을지도 모른다. 하지만 어떤 경우에는 하나님이 같은 말씀을 계속 되풀이하시기도 한다. 그러므로 우리는 성경에서 어떤 말씀이 반복되어 나올 때마다, 그것을 보고 믿는 것으로 그칠 것이 아니라 반드시 반응해야 한다. 그래야만 말씀이 우리 마음속에 뿌리내릴 수 있다.

31 반복되는 것 찾기

오늘의 본문 로마서 7:7-25 **예상 소요 시간** 30분

"지금까지 했던 이야기들을 간략하게 정리하자면, 성경을 읽을 때 반복되는 것들, 즉 한 번 이상 언급한 내용을 주목하여 표시해 보라는 것이다. 달리 할 말이 없어서가 아니라, 특별한 중요성을 지니고 있기 때문에 저자가 강조하기 위해 반복한 것이다." 『삶을 변화시키는 성경연구』 195쪽

이번 과에서는 지난 과보다 좀 더 도전적인 본문을 살펴보겠다. 로마서 7장 7-25절을 여러 번 읽은 다음, 어떤 말이 가장 많이 되풀이되는지 찾아보라. 도움이 필요하다면, 마지막에 제시된 Note를 참고하라.

▶ 저자가 자신을 이런 식으로 계속해서 언급하는 것이 이상하지 않은가? 그렇다면 그 이유는 무엇이고, 그렇지 않다면 그 이유는 무엇인가?

▶ 34과부터는 비슷한 점과 상반된 점을 찾는 연습을 하게 될 것이다. 그래서 이번 과에서는 그에 대한 준비 단계로 본문에 어떤 비슷한 점들과 상반된 점들이 나오는지 찾아보려고 한다. 어떤 것들을 발견할 수 있는가?

▶ 당신은 이 본문의 주제가 무엇이라고 생각하는가?

주제가 성령이 다스리시는 삶(롬 8장)으로 옮겨감에 따라, 바울의 관점과 글 쓰는 스타일도 바뀌고 있다. 로마서 7장과 8장에서 1인칭 단수 대명사('내가, 내게, 나의, 내 자신이' 등)를 모두 찾은 다음, 어느 장에 1인칭 단수 대명사가 더 많이 나오는지 비교해보라. 로마서 8장은 바울이 자신('내가…내…내가')에 대해 그렇게 빈번하게 이야기하다가, 성령이 모든 믿는 자를 위해 하신 일로 화제가 전환되자 그가 전하려는 복음이 한층 더 빛을 발하고 있다. 그리고 1인칭 대명사를 그렇게 빈번하게 사용하다가 갑자기 끝맺는 방식이 오히려 그가 말하고자 하는 바를 훨씬 더 효과적으로 강조하는 듯한 인상을 준다.

NOTE

본문에서 반복되는 단어들은 매우 짧은 것들로, 거의 한 글자 단어들이다. 또한 '나는, 내가, 나의, 나에게' 등과 같은 1인칭 단수 대명사가 대다수를 차지한다.

32 | 서로 연관된 것 찾기

오늘의 본문 민수기 21:4-9 **예상 소요 시간** 30분

LIVING BY THE BOOK WORK BOOK

"서로 연관되었다'는 것은 어떤 특별한 관계, 또는 특별히 무엇인가를 주고받는 식의 관계를 두고 하는 말이다. 두 단어나 구절이 단순히 서로 옆에 위치하고 있다고 해서 반드시 연관된 것은 아니다. 이 둘을 묶는 무엇인가 특수한 관계가 필요하다." 『삶을 변화시키는 성경연구』 197쪽

성경에 등장하는 다양한 요소들은 일반적인 것에서 구체적인 것으로의 전이, 질문과 대답, 원인과 결과에 의해 서로 연결될 수 있는데, 이번 과에서는 세 번째 범주인 원인과 결과를 중심으로 살펴보기로 하자.

▶ 민수기 21장 4-9절을 읽고, 어떤 행동(원인)이 다른 행동(결과)으로 직접 연결되는 것들을 최대한 많이 찾아 적으라.

▶ 이 기사에는 원인과 결과가 대단히 분명하게 드러나 있어 그것을 발견하기가 쉽다. 그렇다면 이 이야기를 예수님이 그분의 사명을 묘사하는 방편으로 사용하셨다는 측면에서 살펴보면 어떨까? 그렇게 하려면 요한복음 3장 14-15절을 읽어야 한다. 요한복음 3장 14-15절을 읽고, 예수님이 어떤 유형의 원인과 결과를 언급하고 계신지 말해보라.

▶ 당신은 예수님이 이 이야기를 자신이 하셔야 할 일에 대한 비유로 사용하신 것이 우연이라고 생각하는가? 아니면, 하나님이 놋뱀으로 이스라엘 백성을 구해주신 것은 장차 일어날 일에 대한 예언이라고 생각하는가?

▶ 위 질문에 대한 답으로 후자를 택하였다면, 당신은 이것이 일반적인 것에서 구체적인 것으로 옮겨가는, 일종의 서로 연관된 사건이라고 생각하는가? 그렇다면 그 이유는 무엇이고, 그렇지 않다면 그 이유는 무엇인가?

33 서로 연관된 것 찾기

오늘의 본문 요한복음 3:1-21　　예상 소요 시간 20분

"질문은 의사 전달에 있어 매우 강력한 수단 가운데 하나다. 어떤 질문을 대할 때, 그 질문에 대한 답을 생각을 하지 않는가? 그럴 수밖에 없다. 누가 질문만 던져놓고 대답을 하지 않는다면 답답하기 짝이 없을 것이다. 도대체 무엇을 말하려고 하는지 알 길이 없기 때문이다. 반면 성경 저자들은 전략적인 질문과 함께 큰 도움이 되는 대답을 제시한다." 『삶을 변화시키는 성경연구』 199쪽

『삶을 변화시키는 성경 연구』 199쪽에 보면 효과적인 질문과 답변에 대한 예가 몇 가지 실려 있다. 그러나 여기에서는 썩 괜찮아 보이지 않는 질문 한 가지를 살펴볼까 한다. 사실 좀 유머러스한 질문이다.

▶ 요한복음 3장 1-9절을 읽으라. 아마 많은 사람이 이 이야기를 알고 있을 것이다. 본문은 니고데모가 사람들 눈을 피해 한밤중에 예수님을 찾아와 나눈 대화다. 예수님은 니고데모를 영적으로 깊은 대화로 끌어들이기 원하시지만, 니고데모는 예수님의 말씀을 잘 이해하지 못한다. 만일 당신이 니고데모라면, 예수님께 어떤 '깊이 있는' 질문을 던졌겠는가?

▶ 이번에는 요한복음 3장 10-21절을 읽으라. 예수님은 여기에서 니고데모에게 어떤 말씀을 하셨는가?

▶ 당신은 본문에서 유명한 요한복음 3장 16절 말씀을 발견했을 것이다. 이것은 대부분의 그리스도인이 즐겨 외우는 구절 가운데 하나다. 그러나 우리는 이 구절을 외우는 것으로 만족할 것이 아니라, 예수님이 이 말씀을 하신 전후 상황을 자세히 살펴보라고 도전하고 싶다. 이 절은 니고데모가 9절에서 여쭌 "어찌 그러한 일이 있을 수 있나이까?"라는 비교적 단순한 질문에 대한 답으로 주어진 것이었다. 니고데모가 어리석은 질문이라고 면박을 받으면 어쩌나 하는 두려움에서 예수님께 좀 더 자세히 설명해달라고 부탁하지 않았다면 어떻게 되었을까? 그랬더라도 요한복음 3장 16절 말씀을 오늘날 성경에서 찾아볼 수 있었을까?

▶ 니고데모의 질문에 대한 예수님의 대답은 성경에서 발견할 수 있는 '질문과 대답'이라는 공식을 단적으로 보여주는 많은 예 가운데 하나에 지나지 않는다. 본문을 통해, 당신은 성경 말씀 가운데 잘 이해되지 않는 부분이 있을 때, 그것이 '어리석은 질문'이라는 핀잔을 받는다 해도 서슴지 않고 질문해야 하는 것에 대해 무엇을 배웠는가?

34 비슷한 것 찾기

오늘의 본문 이사야 66:1-16　　예상 소요 시간 40분

"유사성을 나타내는 여러 표현이 있지만, 대표적인 것은 '…처럼' 또는 '…같이'다. 이 표현들은 문학적 용어로 '직유'라 한다. 둘 사이의 유사점을 토대로 비교하는 것이다…은유는 직유와 밀접한 관계를 맺는데, '…처럼' 또는 '…같이'와 같은 표현은 사용하지 않는 비유법이다."

『삶을 변화시키는 성경연구』 204-205쪽

우리는 영문과 학부생들이 은유와 직유에 대해 공부하면서 어려움을 느끼는 것을 종종 보았다. 그런데 그 어려운 은유와 직유가 성경을 관찰하는 데도 대단히 중요한 요소로 작용하기 때문에, 우리는 당신에게 지레 겁먹지 말라고 당부하고자 한다. 오늘 살펴볼 본문의 경우에도 말로는 형용할 수 없는 하나님을 좀 더 잘 이해하도록 도와주기 위해 은유와 직유가 사용되고 있다. 이렇듯 은유와 직유를 통해 우리는 하나님이 어떤 분이신지 보다 깊이 이해할 수 있게 되는 것이다.

오늘은 다소 도전적인 본문을 살펴볼까 한다. 하나님의 메시지에는 별로 유쾌하지 않은 내용도 상당수 포함되어 있었는데, 그 이유는 그분의 백성이 신실하지 못했기 때문이다. 그러나 가혹하게 질타하는 듯한 어조 속에서도 우리는 하나님이 진정으로 자기 백성을 사랑하신다는 것을 느낄 수 있다. 그러므로 죄에 대한 하나님의 진노하심을 자세히 살피면 살필수록, 죄인을 향한 그분의 무조건적인 사랑을 그만큼 더 잘 이해할 수 있다.

▶ 우선 이사야 66장 1-16절을 영문학도와 같은 자세로 읽고, 발견할 수 있는 은유와 직유를 하나도 빠짐없이 기록하라. 이 과정을 다 끝냈으면 이번에는 신학도와 같은 자세로 본문을 읽고, 발견할 수 있는 은유와 직유를 모두 기록하되, 각각의 은유와 직유가 하나님에 대해 시사하는 바가 무엇인지 깨달은 것을 함께 적으라.

이 본문에는 은유와 직유에 대한 좋은 예들이 많으므로 특별히 충분히 시간을 할애하여 읽으라. 한 문장 한 문장을 천천히 뜻을 음미하면서 읽으라. 그리고 어려운 문장을 만나도 절대 포기하지 말고, 하나님이 말씀하시는 바에 대해 어떤 결론을 내릴 수 있는지 깊이 묵상하라.

비유	비유가 의미하는 것
하늘은 나의 보좌요(1절).	하나님의 권위는 그 위대함을 측량할 길이 없다.

35 | 비슷한 것 찾기

오늘의 본문 마태복음 23:23-39 **예상 소요 시간** 30분

LIVING BY THE BOOK WORK BOOK

"일단 유사성에는 우리의 관심을 끄는 힘이 있음을 기억해 두자. 그리고 유사한 것들을 적극적으로 찾는 습관을 기르도록 노력하자. 지혜서, 특히 시편에서 이것들을 자주 발견하게 될 것이다. 발견할 때마다 표시하면 좋다. 성경 저자들은 '비교'라는 도구로 우리와 대화하기 원한다."

『삶을 변화시키는 성경연구』 206쪽

▶ 오늘은 바리새인들의 위선을 공격하시는 예수님의 강연에 대해 살펴볼 텐데, 이번 과에서도 지난 과와 마찬가지로 유사한 것을 찾는 데 초점을 맞추자. 마태복음 23장 23-39절을 읽고, 예수님이 어느 하나를 다른 것과 비교하시는 부분이 나올 때마다 모두 기록하되, 각각의 경우에서 예수님이 무엇을 말씀하고자 하시는지 깨달은 것을 적으라.

예수님의 비유	비유가 의미하는 것

36 | 상반된 것 찾기

오늘의 본문 민수기 13:25-14:31 **예상 소요 시간** 30분

"비교의 다른 측면은 대조다. 상반된 것, 마치 이성끼리 관심을 주고받는 것처럼, 성경연구에서도 그렇다. 상반된 것은 관찰력 있는 사람의 관심을 끈다. 성경에서 대조를 나타내는 몇 가지 방법이 있다… "그러나"라는 단어는 흐름의 방향이 바뀌는 것을 알려 준다." 『삶을 변화시키는 성경연구』 206-207쪽

이번 과에서 살펴볼 본문은 열두 정탐꾼이 약속의 땅을 정찰하고 돌아와 이스라엘 백성 앞에서 그들이 정탐한 것을 보고하는 내용이다. 지금까지 이스라엘 백성은 노예로 살았던 애굽에서 탈출하여 홍해를 건너고 광야를 지나는 긴 여행을 했다. 그리고 이제 드디어 하나님이 그들에게 주기로 약속하신 땅을 눈앞에 두게 되었다. 여기까지 오는 동안 그들은 수많은 위기를 겪었는데, 유감스럽게도 그들은 그때마다 불평불만을 늘어놓았다. 그러나 과거야 어찌 되었든 이제 남은 것은 오직 하나, 그들이 보낸 정탐꾼들이 어떤 보고를 하느냐 하는 것이었다. 그들은 정탐꾼들이 좋은 소식을 가져와 그들의 여정에 종지부를 찍기를 학수고대하고 있었다.

▶ 민수기 13장 25절-14장 10절을 읽으라. 눈여겨보면 알겠지만, 긍정적인 쪽으로 화두를 잡을 때마다 "그러나"라는 말이 등장하여 정반대의 이야기로 전개되는 것을 발견할 수 있을 것이다. 그러면 이 본문에서 이야기의 내용이 바뀌는 곳은 어디인가?(적어도 세 군데는 발견할 수 있을 것이다.)

▶ 드디어 하나님은 모세에게 이스라엘 백성을 심판하겠다고 하신다. 그 말씀을 하시는 그분의 어조에서는 단호함이 느껴지며, 앞으로 사십 년이라는 긴 세월 동안 고통과 죽음을 맛보게 될 것이라는 저주의 말도 들린다. 그러나 'but'이라는 단어가 등장하는 성경의 다른 모든 본문에서와 마찬가지로, 이 본문에서도 'but'은 하나님의 심판에는 우리에게 희망을 주는 긍정적인 예외가 있음을 암시한다. 민수기 14장 11-31절을 읽고 문맥상 '그러나'의 의미를 가진 말과 '~외에는'이라는 말이 몇 번 나오는지 찾아보고, 하나님이 신실하지 못한 이스라엘 백성 가운데 구별하여 뽑은 자가 누구인지 살펴보라.

부정적인 접속어가 나올 때마다, 그것이 얼마나 빨리 긍정적인 어조로 바뀌는지 확인해보라. 그것만큼 감동적이고 놀라운 일도 없다. 게다가 이 본문에서는 성경이 말하는 것을 깊이 깨닫고 발견하게 해줄, 상반되는 것을 찾아내기가 별로 어렵지 않다.

37 | 상반된 것 찾기

오늘의 본문 사도행전 4:32-5:11 **예상 소요 시간** 20분

"유사한 것과 상반된 것은 우리의 시선을 끌며 비교와 대조를 시사한다. 성경을 공부할 때 '여기는 어제 본 말씀의 어느 부분과 흡사한 점이 있는 것 같아.' 혹은 '이 부분은 성경의 다른 부분과는 다른 아주 독특한 점이 있어'라는 내면에서 들리는 소리를 주의해서 들을 필요가 있다. 성경 저자가 자신의 메시지를 전하려고 유사한 것과 상반된 것을 골라 사용하는 신호임을 알아야 한다."

『삶을 변화시키는 성경연구』 210쪽

사도행전을 읽으며 초대 교회의 형성에 관해 살피다 보면, 사도행전에 등장하는 다른 사람들과 눈에 띄게 구별되는 한 부부를 만나게 된다.

▶ 초대 교회의 주춧돌이 되었던, 서로 유사한 점이 많은 사람들에 대해 기술하고 있는 사도행전 4장 32-37절을 읽으라. 그리고 당신이 그들이 예배드리는 곳에 우연히 들르게 된 1세기의 순례자라고 상상해보라. 당신은 그들에게 어떻게 반응했을 것 같은가? 그리고 왜 그랬을 것 같은가?

▶ 돌연 심경의 변화를 일으켜 속이려는 마음으로 재물을 가져온 아나니아와 삽비라에 대해 들려주는 사도행전 5장 1–11절을 읽으라. 이들이 앞서 소개된 사람들과 다른 점은 무엇이며, 그 이유는 무엇인가?

▶ 당신이 이 사건이 일어난 바로 그날, 이 교회 앞을 우연히 지나가게 되었다고 가정해보라. 죽어서 실려 나오는 아나니아와 삽비라를 보고 어떤 생각을 했겠는가? 그 이유는 무엇인가?

▶ 본문에서 반어가 사용되는지 아닌지는 비슷한 것들과 상반된 것들에 내포되어 있는 의미를 결정하기 위해 반드시 눈여겨보아야 할 또 다른 요소다. 그러면 본문에서 아나니아와 삽비라의 죽음과 관련하여 발견할 수 있는 반어로는 어떤 것이 있는가?

▶ 상반된 것이 어떤 것인지 성경적으로 명확한 예를 보여주는 본문을 살펴보고, 우리를 향한 하나님의 메시지에 대해 깨달은 것이 있다면 무엇인지 이야기해보라.

38 | 실생활에 적용할 수 있는 것 찾기

오늘의 본문 열왕기상 11장 **예상 소요 시간** 30분

LIVING BY THE BOOK WORK BOOK

"우리는 종종 성경을 실생활과 관련짓지 못하고 그저 학문적인 연구 자료로만 가르치고 배울 때가 있다. 많은 사람이 성경을 지루하게 느끼는 것도 무리가 아니다. 그렇다 보니 성경 인물들이 겪었던 삶의 경험을 소홀히 하여 가장 훌륭한 인생의 교훈들을 놓치는 경우가 많다…내가 성경을 사랑하는 이유는 성경이 늘 내 삶과 맞닿은 이야기를 들려주기 때문이다. 성경은 뽀얗게 분칠한 예쁜 얼굴만을 보여 주지 않는다. 필요하면, 더러운 빨래가 널린 앞마당을 그대로 보여 준다." 『삶을 변화시키는 성경연구』 212쪽

당신은 "만일 ~한다면?"이라고 반문하며 생각에 잠기는 그런 사람은 아닌가? "돈이 조금만 더 있어도, 하나님과 더 많은 시간을 보낼 수 있을 텐데", "능력이 조금만 더 있어도 지금보다 훨씬 나은 직장에서 일할 텐데", "승진만 좀 더 빨리 할 수 있어도 삶의 모든 것이 달라질 텐데" 하는 생각으로 머릿속이 늘 복잡한 그런 사람 말이다.

성경 인물들 가운데서도 성공한 사람들에게만 우리의 초점을 맞춘 나머지, 그들에 비하면 우리는 영적으로나 감정적으로 형편없다고 생각하며 괴로워하곤 한다. 그러나 우리의 약점과 실패를 다른 사람의 장점이나 성공과 비교하는 것은 바람직하지 않다. 이제까지 그래 왔다면 지금부터라도 그런 불공평한 비교를 그만두고, 우리의 실수를 성경의 성공한 인물들이 저지른 실수와 비교해보자. 그것이 공정한 비교일 것이다. 그 대상으로는 아마도 솔로몬 왕이 가장 적합할 것이다.
먼저 오늘 본문을 읽기에 앞서, 열왕기상 3장 20절-4장 34절과 10장 14-29절을 훑어보라. 솔로

몬 왕은 당대 최고의 부자로 기록될 만큼 재산이 많았다. 그리고 분명 그는 가장 지혜로운 사람이었다. 그가 다스리던 시절에는 온 국민이 평화를 누렸다. 영적으로도 그는 성전을 지어 하나님께 바친 왕으로 기록되었다. 그는 "'만일 ~한다면' 내 삶이 어떻게 달라졌을까?" 하고 궁금해할 필요가 전혀 없는 사람이었다. 그만큼 사람들이 부러워하는 가장 좋은 것을 살아생전에 직접 누렸기 때문이었다.

우리는 그가 왕위에 있던 동안 일어난 사건을 대부분 성경을 통해 알 수 있다. 따라서 솔로몬 왕에 대해 읽을 때마다 그 사건들이 우리에게 주는 교훈, 즉 우리 삶에 적용할 만한 교훈은 무엇인지 생각해볼 수 있다. 솔로몬 생애의 마지막 부분을 기록한 열왕기상 11장을 읽어보자.

▶ 열왕기상 11장 1-13절을 읽고, 아래 질문들에 대해 생각해보라.

• 솔로몬처럼 지혜로운 사람이 어떻게 이런 엄청난 실수를 저지를 수 있었을까?

• 솔로몬이 아내를 그렇게 많이 둔 이유는 무엇이라고 생각하는가?

• 솔론몬의 인간관계는 하나님과의 관계와 어떤 상관이 있는가?

• 본문을 통해 솔로몬 당대에는 물론이거니와 오늘날에도 똑같이 적용할 수 있는 교훈들을 발견할 수 있겠는가? 어렵지 않게 발견할 수 있는 것들(이를테면, 올바르지 못한 정치적 관계나 영적 배교 등)은 물론이거니와 주의를 기울여야 발견할 수 있는 교훈들도 함께 찾아보라. 예를 들어, 솔로몬은 죄를 범했음에도 불구하고 하나님의 진노를 받지 않았다. 이에 대해 하고 싶은 말은 없는가? 또 그렇게 밝지는 않지만, 그렇다고 해서 완전히 절망적이지도 않은 미래가 당신과 당신 자손 앞에 펼쳐져 있음을 안다면 어떤 기분이 들겠는가?

자세히 살펴본다면, 우리 삶에 적용할 수 있는 교훈들을 기대 이상으로 많이 발견할 수 있을 것이다.

39 | 실생활에 적용할 수 있는 것 찾기

오늘의 본문 디모데후서 1장　　**예상 소요 시간** 30분

LIVING BY THE BOOK WORK BOOK

"성경에 나타난 모든 인물에 관한 기록에는 늘 뭔가 배울 것이 있게 마련이다. 그러나 내 실생활에 도움을 줄 수 있는 것들을 열심히 찾는 눈이 없이는 그것을 발견하기가 몹시 어렵다. 하나님의 말씀을 공부할 때에는 그 말씀을 실생활과 연결해야 한다는 사실을 절대 잊어서는 안 된다. 성경의 인물과 내 모습이 얼마나 비슷한지 볼 수 있어야 한다. 그들은 우리와 똑같은 성정을 가진 사람들이었음을 잊지 말자." 『삶을 변화시키는 성경연구』 215쪽

지난 과에서 우리는 부유하고 권세와 힘이 있으며, 게다가 지혜롭고 왕으로서도 하나님의 인정을 받은 솔로몬에 대해 살펴보았다. 그러나 그 모든 것을 가졌음에도 불구하고 그는 말년에 하나님에 대한 믿음을 저버려서 힘겨운 결과를 감당해야 했다.

이번 과에서는 솔로몬과 대조되는 인물인 디모데에 대해 살펴볼 것이다. 어린 나이에 하나님의 부르심을 받은 디모데에게는 극복해야 할 수많은 난관이 있었다. 그의 어머니와 외할머니는 예수님을 믿고 따랐지만, 아버지는 그렇지 않았다(행 16:1). 게다가 디모데는 아직 어렸고 수줍음도 많았다. 사장이라면 바울처럼 대담하고 과감한 성격의 직원과 결코 짝지어주고 싶지 않은 청년이 바로 디모데였다. 그러나 하나님은 디모데의 가능성들을 보시고 바울로 하여금 이 젊은 목회자의 스승이 되도록 하셨다.

▶ 디모데후서 1장을 주의 깊게 읽으면서 삶에 적용할 만한 점들을 찾으라. 예를 들면,

• 당신은 자기 아이들이 영적인 가르침을 받으며 바르게 자라나기를 바라는 어머니들이나 할머니들을 알고 있는가?

• 그리 이상적이지 않은 가정에서 자랐음에도 불구하고 신실한 그리스도인으로 성장한 사람을 알고 있는가?

• 그리고 한 사람이 일방적으로 다른 사람을 훈련시켜야 하는 '다소 어울리지 않는 파트너'를 본 적이 있는가? 그 둘의 관계가 결국에는 어떻게 되었는가?

• 당신에게 '바울' 같은 사람이 있다면 누구인가?

• 또 '디모데' 같은 사람이 있다면 누구인가?

▶ 바울은 디모데에게 칭찬과 격려, 도전과 애정 등 많은 것을 나누어주었다. 당신에게도 '자식'으로 여기고 싶은 사람(문자적인 의미로든, 영적인 의미로든)이 있는지 생각해보라. 있다면 그의 감정적인 부분과 영적인 부분을 돌보기 위해 어떻게 노력하고 있는지 돌아보라. 그 밖에 그를(혹은 그들을) 위해 무엇을 해주고 싶은가?

▶ 본문을 통해 삶에 적용할 만한 또 다른 교훈을 발견한 것이 있다면 자세히 적으라.

40 | 성경 본문으로 작업하기

오늘의 본문 현장 학습 **예상 소요 시간** 한두 시간

"이러한 도표는 매우 가치 있다. 공부하며 투자한 모든 시간과 노력에 대해 충분히 보상하고도 남는다. 이 부분을 공부할 때마다 이 도표를 꺼내 봄으로 이 단원이 왜 중요한지 쉽게 파악할 수 있게 된다. 다시 처음부터 연구를 시작할 필요도 없다. 또 기억력에만 전적으로 의지할 필요도 없다. 사실 이 도표는 관찰 과정에서 매우 중요하기 때문에 다음 장에서 더 자세히 살펴보겠다."

『삶을 변화시키는 성경연구』 226–227쪽

이번 과와 다음 과에서는 당신이 직접 성경 본문을 발췌하여 자신만의 도표를 만들라. 그렇게 하려면 하루 정도 시간을 내서 지금까지 공부한 것들을 되짚어보아야 할 것이다. 최소한 다음의 두 가지 사항만큼은 꼭 준비하기 바란다.

1. 『삶을 변화시키는 성경 연구』 24장과 25장을 읽으라. 이 두 장에 수록되어 있는 다양한 힌트와 풍성한 예들은 창의적인 사고를 하는 데 많은 도움이 될 것이다(더불어 거기에 나오는 제안 가운데 중요한 것을 몇 가지 추려 다음 두 과에 실어놓았으니 참고하기 바란다).

2. 도서관이나 서점의 성경 참고 문헌 코너에서 다양한 도표를 훑어보는 것도 좋은 방법이다. 그 가운데는 비교적 간단한 것도 있을 것이고 복잡한 것도 있겠지만, 얼마나 다양한 성경 학자들이 방대한 양의 정보를 읽기 쉬운 도표 형태로 요약하여 제시해놓았는지 직접 확인한다면 많은 도움이 될 것이다.

단, 도표를 만들되 완벽해야 한다는 강박 관념은 갖지 마라. 당신이 어떤 본문을 발췌했든지 간에 이미 수많은 사람이 당신보다 앞서 그 본문을 효과적으로 진술하려는 다양한 노력을 기울였기 때문이다. 그러므로 완벽한 도표를 만들려 하기보다는 다양성을 기하는 편이 현명하다. 그래서 당신만의 개성 있는 도표를 만들 초안이 마련되면, 본격적으로 도표 만드는 작업에 들어가라.

41 | 단원을 공부하는 요령

LIVING BY THE BOOK WORK BOOK

다음은 특정 단원을 공부할 때, 최대 효과를 얻기 위한 몇 가지 제안이다.

1. 단원 전체를 먼저 읽으라. 적어도 두세 번, 가능하면 다른 번역본도 읽으라.

2. 단원을 단락으로 나누고, 각 단락의 내용을 근거로 제목이나 요점을 옆에 적어두라. 위에서 본 단원의 경우, 각 기적의 제목들을 도표의 첫 번째 칸에 적어놓았다. 단락이 성경연구의 기본 단위임을 상기하라. 각 단락의 주제를 파악하는 것은 매우 중요하다. 그리고 그 주제를 한두 단어로 표현해보라.

3. 각 단락을 다른 단락과 비교하여 검토해보라. 이 책의 앞부분에서 제시한 6가지 실마리를 사용하여 서로의 관계를 살피라. 마가복음 4-5장의 경우는 기적이 일어난 영역, 등장인물, 방법, 결과 그리고 믿음을 중심으로 각 기적들을 비교, 대조했다.

4. 같은 실마리를 사용하여 그 단락이 속한 책의 나머지 부분과 어떠한 관계를 맺는지 살펴보라(강조, 반복 등).

5. 그 단락의 주제를 끄집어내라. 전체 내용을 말해주는 한 단어나 짧은 구절을 생각해 보라. 예를 들어 마가복음 4-5장은 '강의실 믿음과 실험실 믿음'이라고 제목을 붙여볼 수 있다.

6. 관찰한 내용들을 적어보라. 가능하면 짧고도 상황을 잘 묘사한 표현들을 성경에 직접 넣는 게 좋다.

7. 등장인물과 지명에 대해 연구하라. 이들을 연구함으로 전체 단원을 이해하는 데 얼마나 더 도움을 얻을 수 있는지 경험해보라.

8. 답변을 찾을 수 없었던 질문이나 해결하지 못한 것들은 잘 기록했다가 나중에 더 연구해보라.

9. 다음과 같은 질문들로 자문해보라. 이 본문에서 나에게 도전을 주는 것은 무엇인가? 이 본문은 어떤 실제적인 문제들을 다루는가? 이 말씀을 거울 삼아 내 삶의 어떠한 부분들을 고쳐야겠는가? 말씀을 바탕으로 내가 기도해야 할 내용들은 무엇인가?

10. 연구한 내용을 다른 사람들과 나누라.

* 이 제안은 『삶을 변화시키는 성경 연구』 24장 227-228쪽에서 발췌한 것이므로, 더 자세한 것을 원한다면 24장을 참고하라.

42 | 도표 만들기

LIVING BY THE BOOK WORK BOOK

자, 이제 직접 도표를 만들 준비가 되었는가? 몇 가지 도움이 될 내용을 소개한다.

1. 본문을 공부하면서 읽은 내용을 요약하고 정리할 수 있는 제목 또는 요점을 적으라. 창의적일수록 좋다. 앞에서 내용을 기억하며 읽을 것을 이야기했다. 즉, 본문을 내 것으로 만들어야 한다. 읽어나가는 절, 단락, 단원 또는 책 전체에 제목이나 요점을 적는 것은 내용을 기억하기 위한 좋은 습관이다. 발견한 통찰들을 잘 간직할 수 있다.

2. 머릿속으로 도표를 그리면서 서로의 관계에 대해 생각해보라. 내가 무엇을 보여주려고 하는가? 이 도표가 의도하는 것은 무엇인가? 도표를 완성하면 어떻게 사용할 것인가?

3. 도표는 최대한 간단하게 하라. 언제라도 덧붙일 수 있음을 기억하고, 우선 가지를 치고 뼈대를 세우라. 중요한 개념, 주요 인물, 주제, 중요한 절, 주요 용어, 중요한 정보가 무엇인지 먼저 결정해야 한다. 전체 내용을 아우르는 주제가 무엇인가? 구조적 측면에서 무엇이 중요한가? 어떤 내용들을 한눈에 볼 수 있도록 요약해야 하는가? 등을 결정해야 한다.

4. 하나의 도표에 다 집어넣기 어려울 정도로 분량이 많다고 여겨질 때는 여러 부분으로 나눠서 여러 도표를 만들라. 만일 서로 연결이 잘 되지 않는 부분이 많을 때에는 다시 본문을 자세히 관찰하여 실마리를 찾아보라.

5. 창조적인 아이디어를 활용하라. 앞에서 몇 가지 예를 보여주었다. 본문 안에 존재하는 상관관계를 설명할 수 있는 방법은 수없이 많다. 상상력을 충분히 발휘하라. 부호나 그림도 활용하라. 나를 위한 도표인 만큼, 내가 잘 알아볼 수 있어야 한다.

6. 도표를 계속 보완해나가라. 어떤 도표도 본문의 모든 내용을 요약할 수는 없다. 그러므로 본문을 연구하면서 새롭게 얻는 통찰들로 도표를 수정 보완해야 한다. 도표의 유용성은 본문의 내용을 얼마나 정확하게 표현하는가에 달려 있다.

* 이 여섯 단계는『삶을 변화시키는 성경 연구』25장 236-238쪽에 나오는 것을 그대로 옮겨 놓은 것으로 더 자세한 복습을 원하면 25장을 다시 한 번 읽어보라. 그러면 훨씬 더 구체적인 예들을 발견할 수 있을 것이다.

43 부분별 성경 공부

오늘의 본문 출애굽기 7-12장　**예상 소요 시간** 60분

“성경연구는 각종 정보들을 바탕으로 이루어진다. 앞에서 제안한 관찰의 방법들을 사용하여 성경을 보면, 전부 다루기 어려울 정도로 많은 것을 발견하게 될 것이다. 그러나 아무리 많은 정보를 얻는다고 해도, 그 정보들을 활용할 수 없다면 무슨 소용이 있겠는가?…말로 설명하기보다는 그림으로 보여 주는 것이다. 관찰한 내용들을 그래픽이라는 방법으로 요약하는 것이다. 이러한 일에 도표는 아주 효과적인 수단이다.” 『삶을 변화시키는 성경연구』 229-230쪽

대부분의 그리스도인은 애굽 왕 바로가 이스라엘 백성을 놓아주지 않자 하나님이 애굽에 재앙을 내리셨다는 것을 알고 있을 것이다. 물론, 그 가운데는 그 재앙이 모두 열 가지였다는 것과 각 재앙의 내용에 대해서도 훤히 꿰는 사람도 있겠지만, 열 가지 재앙에 대해 이야기해보라고 하면 선뜻 말문이 열리지 않는 사람도 있을 것이다.

따라서 이번 과에서는 그 열 가지 재앙을 정확히 알려주고, 또 당신이 그것을 제대로 알고 있는지(이를테면, 각각의 재앙으로 어떤 결과가 나타났으며, 애굽 사람들과 이스라엘 사람들은 그 재앙에 어떻게 반응했는지 그리고 바로는 어떤 반응을 보였는지 등) 가늠하게 해주는 시금석 같은 도표를 만들고자 한다.

애굽에 내린 열 가지 재앙에 대한 이야기는 출애굽기 7장 14절-12장 42절에 나온다. 이제 당신이 할 일은 이 부분에 나오는 중요한 정보를 어떻게 요약하면 좋을지 그 방법을 찾는 것이다. 단, 너

무 성급하게 작업에 착수하기보다는 적절한 아이디어와 구상이 떠오를 때까지 기다렸다가 지난 두 과에서 제시한 제안들을 활용하여 만들어나가는 것이 좋을 것이다.

몇 번이고 처음부터 다시 시작해야 하는 경우가 생기더라도 결코 낙심하지 마라. 개요를 올바로 잡는 일이야말로 전체 작업에서 가장 힘든 부분이기 때문이다. 그러나 일단 그 고비만 넘기고 나면, 그다음부터는 빈칸을 채워 넣는 간단한 작업이므로 한결 수월할 것이다.

44 | 부분별 성경 공부

오늘의 본문 요한계시록 2-3장 **예상 소요 시간** 60분

"선원에게 지도가 중요한 만큼, 성경을 공부하는 사람에게는 도표가 중요하다. 단어와 장, 책, 각종 개념, 인물, 그리고 각종 정보의 바다를 항해하는 데 있어 도표는 큰 도움이 된다. 도표나 이와 유사한 것의 도움이 없이는 아마도 머리가 너무 복잡해져서 그만 바다에 침몰하고 말 것이다."

『삶을 변화시키는 성경연구』 230쪽

우리는 요한계시록 1장에서 요한이 예수님에 대해 본, 오싹해지는 환상에 대해 듣게 된다. 요한의 환상 가운데 나타나신 예수님은 그가 본 것을 편지에 써서 일곱 교회에 보내라고 명하셨다. 그래서 요한은 예수님이 말씀하신 바를 조금도 가감하지 않고 있는 그대로 써내려가기 시작했다. 더구나 그는 그 일곱 통의 편지를 하나의 명확한 패턴에 맞추었다. 그러므로 본문을 읽을 때는 요한이 어떤 구조로 편지를 썼는지 찬찬히 살피며 읽어야 한다. 필요하다면 두세 번 반복해서 읽어도 상관없다. 그런 다음, 본문에 나오는 정보를 한눈에 알아볼 수 있게 해주는 도표를 그려라.

이 작업만 성공적으로 끝낼 수 있다면, 당신은 이 도표를 통해 많은 혜택을 누리게 될 것이다. 일례로, 당신은 도표를 보며 일곱 교회의 영적인 상태에 대해 간결하고도 정확하게 분석할 수 있을 것이고, 또한 얼마나 다양한 교회들이 얼마나 다양한 방면에서 사역하고 있었는지도 비교해볼 수 있을 것이다.

다시 한 번 말하지만, 당신 자신만의 도표를 만들라. 다른 누군가가 이미 만들어놓은 것은 제아무리 훌륭해도 당신 자신에게만 의미 있는 자료보다는 못하기 때문이다.

2부

해석

이제 관찰에서 해석으로 넘어가게 되었는데, 그 전에 먼저 『삶을 변화시키는 성경 연구』에 나오는 몇 가지 중요한 점들을 되짚어보기로 하자. 그런 의미에서 앞으로 두세 과에 걸쳐 해석의 중요성과 관련하여 반드시 기억해야 할 점과 피해야 할 위험 그리고 성경에 등장하는 다양한 형태의 성경 문학에 대해 살펴볼 것이다.

관찰에서 해석으로

45 | 해석이 필요한 이유는 무엇인가?

LIVING BY THE BOOK WORK BOOK

"아직도 답을 해야 할 질문은 '왜 성경을 해석해야만 하는가'다. 성경을 펼쳐서 읽어야 할 부분만 읽고 끝내면 되지, 왜 해석이라는 복잡한 과정을 거쳐야 하는가? 그 이유는 우리와 성경 저자들 사이에 버티고 서서 우리의 성경 이해를 저해하는 장벽들이 있기 때문이다. 우리는 그 장벽들이 무엇인지 가려내지 않으면 안 된다. 그 장벽들은 넘어서지 못할 정도는 아니지만, 호락호락하지도 않다."

『삶을 변화시키는 성경연구』 249쪽

언어적 장벽

외국어를 배워본 경험이 있는가? 그렇다면 말을 배우는 게 전부는 아니라는 사실을 발견했을 것이다. 외국인들이 하는 말을 알아들을 수 있으려면, 언어뿐 아니라 그들의 사고방식과 문화와 가치관까지도 배워야 한다.

마찬가지로, 성경도 히브리어와 헬라어와 아람어에서 번역된 것이라, 아무리 잘 번역된 성경이라 해도 하나님의 말씀을 온전히 이해하기는 어렵다. 그래서 성경을 해석하는 단계에서는 반드시 성경 사전을 비롯하여 다른 보조 자료들을 사용할 것을 권한다. 결국 우리는 번역된 단어들만으로는 뜻을 충분히 파악할 수 없는 세밀하고도 깊은 의미들까지 끌어내야 하기 때문이다.

문화적 장벽

언어가 문화의 산물인 만큼, 어떻게 보면 이 문제도 결국에는 언어 장벽과 연관되어 있다고 할 수 있다. 게다가 성경은 우리와 너무도 다른 문화권의 산물이므로, 당연히 생소하게 느껴지는 부분이 많을 수밖에 없다. 그러므로 성경 안에서 벌어지고 있는 일을 온전히 이해하기 위해서는 무엇보다 통신, 교통 수단, 상업, 농업, 생업, 종교, 시대 사조 등과 관련된 문화적 맥락을 나름대로 재구성해야 한다. 그런 의미에서 본다면, 고고학만큼 도움이 되는 것도 없을 것이다.

문학적 장벽

성경을 해석할 때 우리가 부딪히는 또 다른 문제는 성경에 등장하는 문학 양식이 대단히 다양하다는 것이다. 만일 성경이 전부 산이거나, 전부 사막이거나, 전부 바다라면, 그에 맞게 차려입고 그에 적절한 장비를 들고 들어가면 될 텐데, 유감스럽게도 성경은 그렇게 단순하지가 않다. 성경에 나오는 문학 양식은 너무도 다양하여 한 가지 방법으로는 절대 올바로 접근할 수가 없다. 로마서를 읽을 때처럼 냉철하고 논리적인 사고로 아가서를 읽는다고 가정해보라. 아가서의 묘미를 하나라도 느낄 수 있을 것 같은가? 마찬가지로, 단어를 철저히 분석하고 심층적으로 연구하는 것이 갈라디아서의 진리를 깨닫는 데 도움이 되었다고 해서 사복음서의 비유에도 그와 똑같은 방법으로 접근한다면, 도대체 그 비유가 무엇을 말하는지 하나도 깨닫지 못할 것이다.

의사소통의 장벽

하나님이 성경의 저자들을 통해 우리와 소통하려고 하시는 것은 사실이지만, 그 과정에서 부득이 기계 고장과 파손이 일어나는 것은 어쩔 수 없는 사실이다. 더구나 우리는 유한한 피조물이기 때문에 다른 사람이 어떤 생각을 하고 있는지 온전히 알 방도가 없다. 결국, 우리는 성경을 해석할 때 제한된 일부 목적을 달성하는 것만으로 만족해야 하는 것이다.

46 해석에 도움이 되는 것

“원어 성경을 기록한 히브리어나 헬라어를 몰라서 아예 성경 해석을 포기할 수밖에 없다는 절망에 빠진 적이 있는가? 이미 다양한 보조 자료가 출간되었기 때문에, 더는 그런 절망 속에 빠져 있을 필요가 없게 되었다. 이에 대해서는 34장에서 더 상세히 다루기로 하고, 여기에서는 성경 해석에 도움이 되는 자료들에 대한 개요를 간단히 살펴보자.” 『삶을 변화시키는 성경연구』 253쪽

자료의 종류	자료에 대한 설명	어떤 도움을 주는가?
성경 지도 사전	본문에 언급된 지명들을 표시한 지도 사전으로, 때로 지명의 역사와 중요성에 대해 설명함.	지리적 장벽을 제거
성경 사전	본문의 주요 단어나 표현들의 기원, 의미, 활용 등을 설명함.	언어적 장벽을 제거
성경 핸드북	본문 속의 여러 주제를 설명함.	문화적 장벽을 제거
주석	본문에 대한 성경학자들의 연구 결과를 알려줌.	언어적, 문화적, 문학적 장벽을 제거
원어 · 번역 성경	헬라어나 히브리어 본문 사이에 번역문을 끼워 넣은 성경	언어적 장벽을 제거

47 피해야 할 위험한 함정

성경을 해석할 때 조심해야 할 여섯 가지 함정에 대해 살펴보자.

본문을 틀리게 읽는 것

성경을 올바로 이해하려면, 무엇보다 본문을 정확하게 읽어야 한다. 본문이 무엇을 말하는지 파악하지 못한다면 성경을 해석하는 데 큰 걸림돌이 될 것이다. 본문이 무엇을 말하는지 모른다는 것은 충분히 예습을 하지 않았다는 증거다. 그러므로 성경을 해석하려면 반드시 성경 공부의 첫 번째 단계인 관찰에 충분한 시간을 할애해야 한다.

성경을 왜곡하는 것

해석이 어려워 씨름하고 고민하는 것과 말씀의 의미를 왜곡하는 것은 전혀 다른 것이다. 하나님의 말씀을 왜곡하는 것은 반드시 그분의 심판을 받게 된다는 점에서 심각한 죄라고 할 수 있다. 그러므로 우리는 성경을 정확하고 실제적이며 유익하게 해석하는 법을 배우기 위해 최선을 다해야 한다.

본문에 모순되는 해석

성경 말씀에 반박하는 것은 말씀을 왜곡하는 것보다 훨씬 나쁘다. 결국 그것은 하나님을 거짓말쟁이로 만드는 것이기 때문이다. 사탄은 인류 역사가 시작된 이래 지금까지 줄곧 거짓말을 해오고 있다. 그는 지금도 성도들에게 성경 말씀에 반박하고 모순되게 해석하라고 사주하고 있다. 그가 가장 즐겨 사용하는 전략 가운데 하나는 하나님의 말씀을 교묘히 이용하여 하나님의 성품과 어긋나는 믿음과 종교생활을 정당하다고 믿게 하는 것이다.

주관적인 해석

많은 그리스도인이 빈번하게 저지르는 실수는 그들이 일상생활에서는 절대로 용납하지 않는 신비주의를 성경을 읽을 때는 묵인한다는 것이다. 이상하게도 성경을 읽을 때는 이성적이고도 상식적인 교의 안에 머무르지 못하고 이탈하여 그릇된 길로 나가기 십상이다. 게다가 전적으로 주관적인 입장에서 성경을 공부한다. 그들은 성경 주변을 서성거리며 언제 노다지를 발견할까 하고 두리번거린다. 물론, 하나님 말씀에 감정적으로 반응하는 게 잘못은 아니다. 그러나 본문의 의미는 본문에 대한 우리의 주관적인 반응에서 찾을 것이 아니라, 반드시 본문 안에서 찾아야 한다.

상대주의적 해석

어떤 이들은 성경의 의미가 시간의 흐름과 함께 변한다는 가정 아래 성경에 접근한다. 말씀이 애초에 쓰였을 때 의미하던 바와 지금 의미하는 바가 다르다고 믿는 것이다. 즉, 그들은 성경의 의미가 상대적이라고 생각한다. 물론, 한 본문을 가지고도 사람마다 다르게 적용할 수 있고, 또 읽을 때마다 그때의 상황이나 느낌에 의해 적용점이 매번 달라질 수 있는 것은 사실이다. 그러나 성경 말씀이 갖고 있는 올바른 해석은 하나며 의미도 하나다. 결국, 말씀은 성경을 기록한 저자에게나 수천 년 뒤에 살고 있는 현대인에게나 의미하는 바가 같다. 그러므로 정확하게 이해하기 위해서는 원저자가 전하는 메시지를 그대로 살려야 한다.

지나친 자신감

인생을 살아갈 때도 그렇지만, 성경을 공부할 때도 자만심으로 일관하다 보면 결국에는 무너지기 마련이다. 그러므로 어느 한 부분이라도 성경을 완전히 정복했다고 자신하는 것만큼 위험한 것도 없다는 사실을 명심하기 바란다. 자신을 성경 말씀에 대한 최고의 권위자로 여기는 것만큼 사악한 방법으로 교리를 오용하는 것도 없을 것이다. 단언하건대, 성경 해석에는 마침표를 찍을 날이 결코 오지 않을 것이다. 그러므로 "이제 이 본문에 대해서만큼은 나보다 더 잘 아는 사람이 없을 거야. 그러니 이 본문은 완전히 정복한 것이나 다름없어"라고 자만하며 성경 공부에 종지부를 찍는 어리석음은 범하지 않기 바란다.

48 성경에 나타난 문학 양식

오늘의 본문 시편 93:1　　예상 소요 시간 30분

LIVING BY THE BOOK WORKBOOK

문학 양식	특 징	예
묵시	극적이며 지극히 상징적. 생생한 이미지. 강렬한 대조. 전 지구적 차원에서 사건들이 발생. 종종 일인칭으로 직접 목격하는 듯 서술됨. 우주적 차원에서의 선과 악 사이의 투쟁을 묘사함.	요한계시록
전기	한 개인의 삶에 대한 자세한 보도. 주인공이 종종 다른 인물과 대조되어 등장. 기록된 사건을 통해 좋은 방향으로, 혹은 나쁜 방향으로 향하는 등장인물의 삶을 보여줌.	아브라함, 이삭, 야곱, 요셉, 모세, 사울, 다윗, 엘리야, 예수님
찬사	하나님, 예수 그리스도나 어떤 특정 사건을 크게 찬양함. 대상의 기원, 행동, 속성 혹은 우월성 등을 미사여구로 묘사. 독자도 저자의 찬미에 동참할 것을 권고.	삼상 2:1-10, 시 19편, 119편, 잠 8:22-36, 31:10-31, 아가, 요 1:1-18, 고전 13장, 골 1:15-20, 히 1-3장
강론	잘 정돈된 논리의 전개 또는 설명. 체계적인 조직화. 논리적 흐름. 핵심 용어. 논리적 절정. 피할 수 없는 절정으로 발전함. 동의와 그에 따른 행동을 목적으로 함.	바울 서신, 히브리서, 야고보서, 베드로전 · 후서, 요한 서신, 유다서
이야기	넓은 범주, 이야기체가 압도적. 역사적 기록도 포함. 줄거리로 구조를 볼 수 있음. 등장인물들이 심리적, 영적 발전을 경험함. 의미 있는 사건들만 선별되어 기록됨. 사건들이 대조와 비교를 염두에 두고 배열됨.	창세기부터 에스라까지, 사복음서, 사도행전
연설	일정한 형식의 구전을 통한 논리 전개. 관용적, 수사학적, 웅변적 표현들을 많이 사용. 청중에게 잘 알려진 권위 있는 글귀들을 자주 인용. 주로 권위나 설득의 목적을 지님.	요 13-17장, 행 7장, 17:22-31, 22:1-21, 24:10-21, 26:1-23

비유	구전으로 도덕적 가치를 교훈하는 짧은 이야기. 평범한 인물과 일상적으로 사용하는 어구를 사용하여 진리를 표현. 일상에서 접하는 장면이나 사건들로 표현. 묵상과 자기 성찰을 촉구.	삼하 12:1-6, 전 9:14-16, 마 13:1-53, 막 4:1-34, 눅 15:1-16:31
전원시	전원적이고 목가적인 주제들, 특별히 목자의 삶을 다루는 문학. 상황의 묘사와 행동에 치중. 종종 일상적이며 평온한 인상을 줌. 목자와 양 사이의 밀접한 관계를 강조. 도시의 악에서 멀어진 이상적인 삶의 모습을 보여줌.	시 23편, 사 40:1, 요 10:1-18
시	글보다는 말로 전해지거나 노래로 부르도록 의도한 구절. 운율과 단어의 소리를 강조. 생생한 이미지와 상징, 감정에 호소. 찬사나 전원시 또는 그 외의 다른 문학 양식도 사용. 구약에서는 병행구의 사용이 두드러짐.	욥기, 시편, 잠언, 전도서, 아가
예언	하나님의 뜻과 말씀의 권위 있는 전달(좋은 이야기가 아니라 해도). 종종 잘못을 지적하기 위해, 또는 경고를 통해 변화를 유발할 목적으로 사용됨. 사람들의 선택에 대한 반응으로 하나님의 계획을 예언함.	이사야부터 말라기까지
잠언	짧고도 함축성 있는 도덕적 진리의 표현. 삶을 흑과 백으로 나눔. 종종 젊은이들을 대상으로 함. 병행구를 자주 사용. 독자들을 선으로 인도하며 악에서 멀어지도록 함. 은유와 직유를 많이 사용.	잠언
풍자	인간의 악과 어리석음을 폭로하며 조소함. 여러 문학적 양식 속에 나타남(특히 이야기, 전기, 잠언). 잘못된 본을 통해 독자들을 경고.	잠 24:30-34, 겔 34장, 눅 18:1-8, 고후 11:1-12:1
비극	한 사람의 실패를 묘사. 패망으로 이르는 과정을 보여주기 위해 선택된 사건들을 사용함. 문제는 항상 그 인물의 결정적인 성격과 그가 취하는 도덕적 선택의 결함과 관련되어 있음. 잘못된 본을 통해 독자들에게 경고함.	룻, 삼손, 사울, 행 5:1-11
지혜 문학	경험이 풍부한 나이 많은 사람이 젊은이에게 들려주는 말들을 포함한 폭넓은 문학 양식. 비유를 사용하기도 함. 삶에서 중요한 영역들(출생, 죽음, 노동, 돈, 권력, 시간, 세상 등)에 관한 관찰들을 보여줌. 인생의 경험에 근거하여 호소함.	욥기, 잠언, 시 37편, 90편, 전도서

49 | 내용 검토하기

오늘의 본문 하박국 3:17-19 **예상 소요 시간** 30분

LIVING BY THE BOOK WORK BOOK

"내용과 의미는 직접적인 인과관계를 맺고 있다. 주어진 본문의 내용은 말하자면 해석을 위한 원재료이자, 데이터베이스다. 앞에서 관찰에 대해 공부했으니, 본문 내용을 선정하는 법은 이미 상당히 알고 있을 것이다." 『삶을 변화시키는 성경연구』 284쪽

지금은 관찰에서 이해로 넘어가는 초기 단계인 만큼 짧은 본문으로 시작하는 것이 성경을 이해하기 위한 훈련에 가장 좋다. 그러므로 앞으로 5일 동안은 하박국 3장 17-19절을 집중적으로 살펴보면서 거기에 나오는 내용을 이해하기 위해 다양한 방법으로 연습해보자(성경 연구와 관련하여 우리가 배운 것들을 하나로 통합하는 것은 이 워크북 맨 뒷부분에 첨부되어 있는 룻기와 야고보서 성경 공부에서 하게 될 것이므로, 여기에서는 너무 깊이 들어가지 않을 것이다).

하박국 3장 17-19절을 읽되, 용어와 구조와 문학 형식과 글을 써내려가는 분위기 등을 파악하면서 읽으라. 그런 다음, 강조되고 있는 것과 반복되고 있는 것, 서로 관련이 있는 것, 유사한 것과 상이한 것 그리고 삶에 적용할 만한 것들을 하나도 놓치지 말고 찾으라. 그런 다음 아래 질문들에 답하라.

▶ 본문의 저자는 누구인가? 그는 누구를 상대로 이 글을 쓰고 있는가?(저자가 자기 백성을 상대로 글을 쓰고 있는 게 아니라는 것을 눈치챘다면, 당신은 다른 예언서와 구별되는 이 책의 몇 가지 특징을 곧 발견하게 될 것이다.)

• 본문에서는 어떤 일이 일어나고 있는가? 그 사건을 통해 저자가 강조하고자 하는 것은 무엇인가?

• 저자가 이 본문을 쓰고 있는 장소는 어디인가?

• (일반적으로) 이 글이 쓰인 시기는 언제인가?(전체적인 문맥과 정황에 대해서는 다음 과에서 좀 더 자세히 살펴볼 것이다.)

• 저자가 배경을 이렇게 암울하게 묘사하는 이유는 무엇일까? 그리고 그런 암울한 상황에서도 결코 좌절하지 말아야겠다고 느끼는 이유는 무엇일까?

▶ 오늘 본문을 공부하며 당신의 삶에 적용할 만한 어떤 희망의 빛을 발견할 수 있었는가? 어떻게 하면 당신이 관찰한 것을 자신만의 의미 있는 방식으로 해석할 수 있겠는가?

50 | 문맥 파악하기

오늘의 본문 하박국 3:17-19 **예상 소요 시간** 30분

LIVING BY THE BOOK WORKBOOK

"'맥락'이란 무엇인가? 맥락은 앞서 간 것과 뒤에 따라오는 것을 함께 가리킨다…그러므로 한 절, 한 단락, 한 부분, 또는 한 책 전체를 공부할 때마다 그 절, 그 단락, 그 부분, 또는 그 책 전체의 이웃을 살펴보아야 한다. 성경을 공부하다가 길을 잃었다고 생각된다면, 즉시 맥락의 언덕에 올라서서 또렷한 시각을 갖춘 뒤 다시 시작해야 한다." 『삶을 변화시키는 성경연구』 287, 288–289쪽

▶ 어제와 마찬가지로 오늘도 하박국 3장 17–19절을 살펴볼 텐데, 지난 과에서 내용 위주로 본문을 고찰했다면, 이번 과에서는 문맥 위주로 본문을 살펴보고자 한다. 그러면 본문을 다시 한 번 읽은 다음, 하나님에 대한 하박국의 믿음과 신뢰가 어느 정도인지 느낀 대로 이야기해보라.

▶ 문학적인 전후 상황을 살펴보기 위해서는 한 절 앞으로 돌아가 하박국 3장 16절을 읽는 것이 도움이 된다. 이 한 절이 뒤이어 나오는 오늘 본문에는 어떤 영향을 미치고 있는가?

▶ 이번에는 하박국 전체를 다 읽어보라(알다시피 짧다). 그리고 하박국의 맨 마지막 부분인 오늘 본문이 이 책의 앞부분과는 어떻게 연결되어 있는지 살펴보라.

▶ 역사적 맥락에서 볼 때 중요한 점은 무엇인가? 어쩌면 당신은 이 책이 쓰인 배경을 다 알고 있을지도 모르겠다. 당시에 무슨 일이 일어났는지 알고 있는 대로 이야기해보라. 정치적인 측면에서 하박국의 메시지는 어떤 중요한 의미를 갖는가?

▶ 문화적 맥락에 대해서는 나중에(52과에서) 좀 더 자세히 살펴보기로 하고, 여기에서는 지리적 변화에 유의해보자. 다시 말해, "무리가 우리를 치러 올라오는"(3:16) 일이 실제로 일어나고 또 성공한다면, 그 백성에게 어떤 변화, 다른 말로 어떤 지리적 재배치가 일어날 것 같은가?

▶ 마지막으로, 이 본문의 신학적 맥락에 대해서는 어떤 결론을 내릴 수 있겠는가? 하박국은 하나님과 어떤 관계를 맺고 있었는가? 당신은 이 본문을 다른 예언서들과 어떻게 비교하고 싶은가? 결국, 하나님이 하박국에게 하시려는 말씀은 무엇이었으며, 또 하박국이 하나님께 아뢰고자 했던 말씀은 무엇이었는가?

51 | 적절하게 비교하기

오늘의 본문 하박국 3:17-19 **예상 소요 시간** 30분

"'비교'는 성경과 성경을 비교한다는 의미다. 이 비교는 가장 안전한 보호망을 제공하는데, 그 이유는 성경 자체가 성경을 가장 확실하게 해석하기 때문이다…올바른 비교를 하려면 성구 사전이 반드시 필요하다." 『삶을 변화시키는 성경연구』 293쪽

주변 국가들로부터 끊임없이 공격을 당하는 나라에서 살고 싶은 사람은 아무도 없을 것이다. 언론매체를 통해 그런 위협이 끊이지 않는 지역에 대해 날마다 듣지만, 그래도 대부분은 그런 위협에서 벗어난 삶을 살고 있다. 그러니 하박국이 처한 상황을 우리가 어떻게 완전히 이해할 수 있겠는가? 그래도 몇 가지 비교는 해보자.

우선 성구 사전을 참조하여 비교 가능한 본문을 몇 개 찾아보라. 어쩌면 당신은 하루 종일이라도 시간을 내서 비교할 본문을 있는 대로 다 찾고 싶을지도 모르겠다. 그러나 그것은 너무 힘든 일이므로 몇 분만 시간을 내서 마음에 드는 본문을 찾아 비교해보라. 아래에 몇 가지 제안을 해 놓았는데, 그렇다고 여기에 구속될 필요는 조금도 없다. 가벼운 마음으로 당신 자신만의 비교 학습을 하라.

▶ 당신은 본문에 나오는, 무화과나무가 무성치 못한 때와 같은 예를 다른 본문에서 찾을 수 있겠는가? 그때의 상황은 어땠으며, 그것을 통해 배울 수 있는 교훈은 무엇인가?

▶ 포도나 포도나무와 관련하여 본문을 이해하는 데 도움이 될 만한 다른 예를 찾을 수 있다면 찾아보라.

▶ 당신은 하박국이 "여호와"(18절), "나의 구원의 하나님"(18절), "주 여호와"(19절)를 구별지은 이유가 무엇이라고 생각하는가?

52 | 문화를 고려하며 읽기

오늘의 본문 하박국 3:17-19 **예상 소요 시간** 30분

"성경의 다른 부분에도 해당하는 말이지만, 그 말씀을 공부할 때 배경을 살펴보는 것을 잊지 말라. 당시의 문화를 재조명 해보라. 왜냐하면 그렇게 할 때, 또 그렇게 할 때에만 본문이 살아 움직이기 때문이다." 『삶을 변화시키는 성경연구』 307쪽

포도나무나 올리브나무를 키워 그 수입으로 생계를 꾸려가는 사람들이 있다. 또는 목장을 경영하며 소나 양을 돌보는 사람들도 있다. 그러나 도시에서 생활하며 자연과 동떨어진 삶을 살고 있다면, 오늘 하박국 3장 17-19절을 살펴보며 수십 세기 전에 살았던 농부의 삶을 간접적으로나마 체험해보는 것도 좋을 것이다.

▶ 본문은 무화과나무와 감람나무가 싹을 피우고 열매를 맺고 포도나무에서 포도 열매가 주렁주렁 열리기를 '헛되이'(이런 표현이 나쁘지 않다면) 기다리는 어떤 한 사람을 그리고 있다. 그러면 그가 그런 풍성한 수확을 거두려면, 수확철이 오기 전에 어떤 일을 해야 할까? 생각나는 대로 적어보라.

▶ 당신이 가축을 돌보는 일을 하고 있는데, "우리에 양이 없으며 외양간에 소가 없는"(17절) 상황이 오래 계속된다면, 스스로에 대해 어떻게 느낄 것 같은가? 그리고 하나님에 대해서는 어떻게 느낄 것 같은가?

▶ 하박국이 살았던 당시에는 밭에서 나는 소출과 사육하는 동물이 현대인이 말하는 소위 예금 통장에 해당했다. 곧, 그것은 그 시대 사람들이 돈을 저축하는 하나의 방식이었던 것이다. 그러므로 포도원도 없고, 가축도 없으며, 감람나무 과수원도 없는 사람은 수입이 전혀 없는 것이나 마찬가지였다. 그런데 하박국이 바로 그러한 상황에 처해 있었다. 그런데도 그의 태도는 어떠한가?

▶ 하박국이 현대인의 입장에서 이 글을 쓰고 있다면 감람나무나 포도나무, 양 떼와 소 대신 어떤 용어와 표현들을 사용했을 것 같은가? 17절과 18절을 같은 의미를 가진 다른 문장으로 다시 쓰되, 당신이 현재 살고 있는 문화적 관점에 근거하여 써보라.

53 | 더 많은 참고문헌 찾아보기

오늘의 본문 하박국 3:17-19 예상 소요 시간 30분

"'참고'는 다른 보조 자료를 사용하는 것을 말한다. 이 자료들은 우리가 본문에서 더 많은 것을 끄집어 내도록 본문에 더욱 밝은 조명을 비추는 역할을 한다. 말씀을 연구하는 과정으로 우리가 모든 문제의 답을 얻었을 뿐만 아니라, 성령께서 다른 사람이 아닌 오직 우리에게만 말씀하신다고 오해하는 교만에 빠지고 싶은 생각은 추호도 없다. 사실 많은 사람이 이미 우리보다 앞서서 이 길을 걸어갔다…여기서 한 가지 경고할 점이 있다. 즉, 절대로 순서를 뒤바꾸지 말라는 것이다. 성경의 본문이 먼저요, 다음이 보조 자료가 되어야 한다." 『삶을 변화시키는 성경연구』 308-309쪽

『삶을 변화시키는 성경 연구』 34장을 다시 한 번 읽어본다면, 당신이 성경을 최대한 관찰하고 해석하는 데 도움이 되는 '도구들'을 발견하게 될 것이다. 훌륭한 성경 연구의 관건은 바른 자세로 성경 공부에 임하는 것과 성구 사전을 철저히 활용하는 것이다. 여기에 더하여 성경 사전과 성경 핸드북 그리고 성경 지도책과 훌륭한 주석 같은 유용한 자료들을 적절히 활용한다면 이보다 더 좋을 수는 없을 것이다. 훌륭한 참고 문헌들을 올바르게 사용하는 법을 배울수록, 당신의 성경 공부도 새로운 지평을 향해 나아가게 될 것이다.

그러므로 성경 공부에 활용할 수 있는 '도구들'을 최대한 많이 수집하라. 그런 다음 하박국 3장 17-19절을 다시 읽으라. 당신은 앞에서 이미 성구 사전을 사용해보았으니, 이번에는 아래의 질문들과 관련하여 발견할 수 있는 것을 최대한 많이 찾아볼 수 있도록 기타 다른 보조 자료들을 사용하라(아래 문제들 중 몇 가지는 이미 풀어본 적이 있을 것이다. 그러므로 이번에는 지난번과 다른 답을 발견하도록 눈을 부릅뜨고 살피라).

▶ 성경 시대에는 감람나무와 포도나무와 무화과나무가 어떤 중요한 의미를 갖고 있었는가?

▶ 그리고 양 떼와 소 떼는 얼마나 중요했는가?

▶ 기근까지 덮치면 사태가 얼마나 악화되었겠는가?

▶ 예루살렘을 침략하였던 바빌로니아인(혹은 칼데아인)에 대해 당신은 어떠한 사실을 알고 있는가?

▶ 바빌로니아인들이 예루살렘을 침공했을 때, 주요 목표로 삼았던 것은 무엇이었는가? 그리고 그들이 그것을 공격 대상으로 삼은 이유는 무엇이었는가?

▶ 하나님을 묘사하기 위해 하박국이 사용한 단어들에 근거해볼 때, 하박국은 그의 여호와를 어떻게 묘사하려 한 것 같은가?

▶ 그 밖에 본문에 대해 제기할 수 있는 질문들은 어떤 것이 있는가?(본문을 마무리한다는 의미로 찬찬히 점검해보라.)

54 | 주요 용어 이해하기

오늘의 본문 하박국 **예상 소요 시간** 30분

LIVING BY THE BOOK WORK BOOK

"주요 용어는 성경 저자가 자신의 의도를 전달하려고 사용하는 단어나 구절들을 말한다. 대부분 주요 용어들은 강조의 목적 아래 반복적으로 사용된다. 또한 중요한 절의 잘 보이는 위치에 놓이기도 한다. 그 중요성을 좀 더 쉽게 설명하기 위해, 그 용어를 중심으로 그에 적합한 예화를 들기도 한다. 그 용어들은 중요한 의미를 지니고 있기 때문에 어떠한 방법으로든지 읽는 사람의 관심을 끌도록 기술되어 있다. 이러한 주요 용어들을 제대로 습득하지 못하면, 본문의 의미를 완전히 이해하기 어렵다."

『삶을 변화시키는 성경연구』 317–318쪽

▶ 지금까지 당신은 해석하는 데 필요한 다섯 가지 요소인 내용, 맥락, 비교, 문화, 참고에 대해 살펴보았다. 그것도 하박국 3장 17–19절의 단 세 절로 말이다. 그러면 지금까지는 이 다섯 가지 성경적 도구를 어떻게 사용해야 하는지 맛보았으니, 이번에는 성경에서 사용되고 있는 유명한 용어들을 몇 가지 살펴보자. 하박국 3장 17–19절은 이 책의 다른 부분에 비해 비교적 직선적이고 간결하므로, 앞으로 돌아가 본문 이전 장들에서는 어떤 용어들을 발견할 수 있는지 고찰해보자.

▶ 한 가지 일러두면 당신이 어떤 역본을 사용하느냐에 따라 이들 용어가 나오는 절이 달라질 수 있다는 것이다. 그러면 다음 용어들 가운데 한 개 혹은 그 이상을 골라 우선 하박국에서 찾아본 다음, 성구 사전을 참조하여 성경의 어느 부분에 이 용어들이 나오는지 살펴보고, 그것이 어떤 의미를 갖는지 고찰해보라.

• 정의/불의

• 심판

• 잔(2:16)

• 구원

(그 밖에 당신이 관심 있는 용어들을 골라 살펴보아도 좋다.)

55 | 비유적인 표현 바르게 이해하기

성경에 나오는 비유적인 언어와 관련하여 기억해야 할 것들이 여러 가지 있는데, 특별히 여기에서는 비유적인 언어를 어떻게 다루어야 하는지 그 방법을 되새겨주기 위해『삶을 변화시키는 성경연구』36장에 나오는 열 가지 원리를 그대로 옮겨놓았다.

1. 달리 요구가 없는 경우에는 가능한 한 문자적으로 해석하라.

2. 본문이 요구할 때에는 비유적인 의미로 이해하라.

3. 문자적 해석이 불가능하거나 아주 어색할 때에는 비유적 해석 방법을 택하라.

4. 문자적 해석이 부도덕한 의미를 내포한다면, 비유적 해석을 택하라.

5. 사용된 표현이 분명히 비유적 표현이라면, 비유적 해석을 따르라.

6. 문자적 해석이 문맥이나 본문의 전체 흐름과 충돌할 때는 비유적 해석을 따르라.

7. 문자적 해석이 책 전체의 성격 및 문체와 충돌할 때는 비유적 해석을 택하라.

8. 문자적 해석이 저자의 의도 및 목적과 충돌할 때는 비유적 해석을 택하라.

9. 문자적 해석이 성경의 다른 부분과 충돌할 때는 비유적 해석을 택하라.

10. 성경이 가르치는 교리와 문자적 해석이 충돌할 때는 비유적 해석을 택하라.

56 | 비유적인 표현 바르게 이해하기

오늘의 본문 사사기 9:9-15　　**예상 소요 시간** 20분

"여기에 걸린 문제는 비유적 표현이다. 우리는 실상 비유적 표현에 익숙하다. 우리는 늘 비유적인 표현을 사용한다. "창피해서 죽을 뻔했어!" "그건 새빨간 거짓말이야!" "그 사람은 얼굴에 철판을 깔았어!" 성경 저자나 성경 인물 역시 마찬가지다. 그들은 생생한 이미지와 특수한 표현 방법들을 사용한다." 『삶을 변화시키는 성경연구』 325쪽

성경에서 비유 또는 우화라고 하면 아마도 예수님이 하신 이야기들이 맨 먼저 떠오를 것이다. 그렇다고 해서 예수님이 전혀 새로운 표현을 사용하신 것도 아니다. 그분은 단지 오래전부터 있던 문학 형식을 사용하셨을 뿐이다.

▶ 사사기 9장 9–15절을 읽으라. 앞뒤 문맥과 상관없이 읽는다면, 이것이 무엇을 의미한다는 생각이 드는가?

▶ 이번에는 이 비유를 앞뒤 내용과 연결하여 읽어보라. 그러기 위해서는 사사기 8장 28절–9장 21절까지 읽어야 한다. 이 이야기의 의미에 대해 어떤 부가적인 정보를 더 발견할 수 있는가?(이름이나 장소 등과 관련하여 다소 궁금한 점이 있다 해도, 이제는 어떻게 해결해야 할지 알므로 크게 걱정할 필요가 없을 것이다.)

▶ 이 본문에서 비유적인 언어가 사용된 이유는 무엇이라고 생각하는가?

▶ 저자가 지금처럼 상징적으로 말하지 않고 사실적으로 말했다 하더라도, 읽는 이들에게 지금과 동일한 영향을 미쳤을 것 같은가? 그렇게 생각한다면 그 이유는 무엇이고, 또 그렇게 생각하지 않는다면 그 이유는 무엇인가?

57 | 비유적인 표현 바르게 이해하기

오늘의 본문 요한계시록 17장 **예상 소요 시간** 30분

"하나님은 아리송한 신비주의적인 분위기 속에 숨지 않으신다. 말씀하고자 하실 때는 명확하게 말씀하신다. 우리를 혼란스럽게 하는 분이 아니신 것이다. 그러나 강조점을 분명히 하시려고 상징을 사용하신다. 그때는 우리가 그것들을 터무니없는 이야기가 아닌, 상징으로 이해하기를 기대하신다."

『삶을 변화시키는 성경연구』 328쪽

성경에서 요한계시록만큼 해석하기 어렵고 도전적인 본문도 없다. 이 책이 무엇을 의미하느냐에 대한 견해와 추측과 공론은 말 그대로 난무하다. 그러므로 요한계시록에 나오는 상징을 만족할 정도로 납득하고 이해한다는 것은 거의 불가능하다. 그렇다고 해서 요한계시록이 던지는 메시지를 이성적으로 전혀 납득할 수 없는 것은 아니다. 가장 기본적인 차원에서 본다면, 요한계시록의 메시지야말로 대부분 명확하다고 할 수 있다.

요한계시록 17장을 읽으면서 거기에 나오는 상징과 비유적인 언어들을 자세히 기록하라. 그렇게 해서 하나의 목록을 만든 다음에는 각각의 상징과 비유 옆에 당신이 확신하는 해석을 최대한 많이 기입하라. 물론, 전부 다 그렇게 할 수는 없겠지만, 그래도 꽤 많은 부분에 당신의 의견을 적어 넣을 수 있을 것이다. 여러 번 되풀이해서 읽다보면, 본문 안에서 그 의미가 저절로 드러나는 것도 있을 것이다. 설령, 본문 안에서 의미를 파악할 수 없는 것들(야수나 양 등과 같은 것들)이 있다 해도, 요한계시록의 다른 부분을 살펴보면 그 의미를 정확하게 알 수 있을 것이다.

▶ 본문에 나오는 것들을 완벽하게 이해할 수는 없겠지만, 그래도 본문을 읽으며 분명하게 깨달은 것은 하나도 빠짐없이 기록하라.

어떤 사람들은 비유적인 표현만 나오면 지레 겁을 먹고 건너뛸 생각부터 하는데, 상징적이고 비유적인 언어가 자주 등장한다고 해서 성경을 해석하는 데 방해가 되는 것은 아니다. 오히려 어떤 경우에는 그러한 상징들이 더 큰 흥미와 호기심과 지적 자극을 유발하기도 한다.

3부

적용

■ ■ ■ ■

해석에서 적용으로

이제 이 워크북의 마지막 단계인 적용에 대해 살펴보자. 단, 본격적인 공부에 들어가기에 앞서 적용이야말로 성경 공부에서 가장 중요한 부분이라는 것을 명심하길 바란다. 여기까지 오는 동안 당신은 많은 문제를 풀고, 많은 것을 배웠을 것이다. 그러나 배운 것을 적용하지 않는다면 지금까지 한 모든 성경 공부가 물거품이 될 것이다. 앞에서도 말했지만, 사람들은 성경 해석에 너무 치중한 나머지 관찰과 적용은 간과해버리곤 한다. 그러나 장담하건대 관찰에 시간을 할애하면 할수록, 그만큼 해석에 들이는 시간을 줄일 수 있고, 또 해석해야 할 필요도 그만큼 덜게 된다. 그리고 아무리 훌륭한 해석을 했다 하더라도 그것을 삶에 적절하게 적용하지 못한다면, 그 모든 해석은 무용지물일 뿐이다.

그렇다고 해서 우리가 당신이 배운 것을 어떻게 적용할지 일일이 알려줄 수는 없다. 사람들은 각자 자신이 살아온 환경과 가치관 그리고 당면한 문제와 관심사 등을 토대로 성경에 접근하므로 개인마다 적용법이 다를 수밖에 없기 때문이다. 하나님이 말씀을 통해 우리 각자에게 말씀하시는 것은 사실이지만, 그 방법은 절대로 같지 않다. 따라서 사람들이 한날한시에 한 본문으로 성경 공부를 해도 그 말씀에 반응하는 방법은 저마다 다르기 마련이다. 한마디로, 성경에서 적용점을 끌어내는 것은 전적으로 개인에게 달려 있다. 그러므로 우리가 당신을 돕기 위해 어느 정도의 안내나 지침을 제공해줄 수는 있지만, 그래도 여기서부터는 상당 부분을 당신 스스로가 해야 한다는 것을 유념하기 바란다.

우리는 당신에게 『삶을 변화시키는 성경 연구』에 나오는 적용 부분(39장에서 48장까지)을 다시 한 번 훑어보라고 권하고 싶다. 물론, 이 워크북에서도 새로운 방법을 몇 가지 소개할 것이고, 다음에 계속되는 룻기와 야고보서 성경 공부편에서도 적용에 도움이 될 만한 것들을 소개할 것이다.

적용을 대치하려는 다섯 가지 위험에는 절대로 빠지지 않도록 주의하라. 다시 한 번 말하지만, 말씀으로 사는 법을 배워가는 세 단계 중에서 맨 마지막인 적용 부분을 공부할 때는 이 다섯 가지 함정에 걸려들지 않도록 주의해야 한다(이 다섯 가지에 대해 좀 더 자세히 살펴보기 원한다면, 『삶을 변화시키는 성경 연구』 357-365쪽을 참고하라).

> 적용을 대신하려 하는 다섯 가지 위험
> 1. 해석으로 적용을 대신하려 한다. 2. 겉치레 순종으로 삶의 참된 변화를 대신하려 한다. 3. 자기 합리화로 회개를 대신하려 한다. 4. 감정적인 경험으로 의지적인 결단을 대신하려 한다. 5. 진리에 대해 말하는 것으로 근본적인 변화를 대신하려 한다.

58 | 적용에 필요한 아홉 가지 질문

다음은 성경을 공부하며 제기할 수 있는 아홉 가지 질문으로, 당신이 현재 공부하고 있는 성경 본문을 적용하는 데 유용하다.

1. 내가 따라야 할 모범이 있는가?

2. 내가 피해야 할 죄가 있는가?

3. 내가 붙잡아야 할 약속이 있는가?

4. 내가 드려야 할 기도가 있는가?

5. 내가 순종해야 할 명령이 있는가?

6. 내가 만족시켜야 할 조건이 있는가?

7. 내가 외워야 할 구절이 있는가?

8. 내가 고쳐야 할 교리적 오류가 있는가?

9. 내가 직면해야 할 도전이 있는가?

각 질문에 대해 상세한 부연 설명을 원한다면, 『삶을 변화시키는 성경연구』 44장을 복습하라.

59 | 올바르게 질문하기

오늘의 본문 에스겔 33:1-10 **예상 소요 시간** 45분

LIVING BY THE BOOK WORK BOOK

"적용은 사람들이 가장 무시하는 부분이지만, 가장 절실하게 필요한 부분이기도 하다. 성경연구에 있어 그 시작과 끝이 잘못된 부분에서 이루어지는 경우가 많다. 즉, 해석으로 시작해서 해석으로 끝나는 것이다. 그러나 우리는 '본문의 의미가 무엇인가'를 추구하는 해석이 아닌, '본문이 무엇을 말하는가'를 추구하는 관찰에서부터 시작해야 한다. 더 나아가 '본문의 의미가 무엇인가'에서 끝나지 말고, '본문이 내 삶에 어떤 도움을 주는가'로 끝맺어야 한다. 다시 말해 '성경이 도움이 되는가' 하는 것이 아닌, '성경이 어떻게 도움이 되는가' 하는 것이 중요하다." 『삶을 변화시키는 성경연구』 355-356쪽

에스겔 33장 1-10절은 처음 읽으면 하나님이 선지자에게나 주시는 명령 혹은 훈계처럼 보인다. 21세기를 살아가는 현대인에게는 별로 와 닿지 않는 말씀처럼 보인다. 그럼에도 우리는 본문을 읽으면서 본문에 대해 알고, 연결시키며, 묵상하고, 실천하는 네 단계를 거쳐야 한다. 그리고 그와 더불어 지난 과에서 제시한 아홉 가지 질문에도 답해야 한다(혹 페이지를 앞으로 넘기는 것이 번거로울까봐, 아래에 다시 한 번 적어 놓았으니 활용하기 바란다). 이번 과를 통해 당신의 삶에 큰 의미가 있는 적용점들을 많이 발견하기 바란다.

1. 내가 따라야 할 모범이 있는가?

2. 내가 피해야 할 죄가 있는가?

3. 내가 붙잡아야 할 약속이 있는가?

4. 내가 드려야 할 기도가 있는가?

5. 내가 순종해야 할 명령이 있는가?

6. 내가 만족시켜야 할 조건이 있는가?

7. 내가 외워야 할 구절이 있는가?

8. 내가 고쳐야 할 교리적 오류가 있는가?

9. 내가 직면해야 할 도전이 있는가?

60 | 올바르게 질문하기

오늘의 본문 데살로니가전서 5장 **예상 소요 시간** 30분

"성경은 우리의 호기심 충족이 아닌 삶의 변화를 위해 기록된 것이다. 그러므로 성경연구의 궁극적인 목적은 내가 성경으로 '무엇을 하는' 게 아니라, 성경이 나에게 '무엇을 하도록 하는' 것에 있다. 그렇게 할 때 비로소 성경의 진리가 우리 삶에 적용된다." 『삶을 변화시키는 성경연구』 356쪽

오늘은 58과에서 제기한 아홉 가지 질문을 다시 한 번 이용하여, 데살로니가전서 5장을 살펴보자. 이 본문은 지난 과에서 살펴본 에스겔서보다 대답할 거리가 훨씬 많다. 또한 이 본문에는 분명하게 관찰할 수 있는 점들이 유달리 많은데, 그런 것들을 발견하는 것으로 만족할 것이 아니라, 본문에 대해 깊이 묵상하며 좀 덜 명확하지만 그래도 결코 덜 중요하다고는 할 수 없는 교훈과 적용점들이 없는지 살펴보기를 권한다. 이번 과에서도 당신의 편의를 도모하기 위해 아홉 가지 질문을 그대로 옮겨놓았으니 참고하기 바란다. 실제적인 적용점들을 찾아볼 수 있는 이 미래 지향적인 질문을 잘 활용하기 바란다.

1. 내가 따라야 할 모범이 있는가?

2. 내가 피해야 할 죄가 있는가?

3. 내가 붙잡아야 할 약속이 있는가?

4. 내가 드려야 할 기도가 있는가?

5. 내가 순종해야 할 명령이 있는가?

6. 내가 만족시켜야 할 조건이 있는가?

7. 내가 외워야 할 구절이 있는가?

8. 내가 고쳐야 할 교리적 오류가 있는가?

9. 내가 직면해야 할 도전이 있는가?

61 | 삶을 변화시키는 진리

오늘의 본문 시편 51편   예상 소요 시간 30분

"적용은 해석에 기초를 두고, 해석은 관찰에 기초를 둔다. 그러므로 본문을 철저하게 관찰하지 않았다면, 그 본문을 바르게 해석하기가 어렵다. 그리고 해석이 바르지 못하다면, 적용 역시 잘못될 수밖에 없다." 『삶을 변화시키는 성경연구』 369–370쪽

해석에서 적용 단계로 넘어가면 하나님의 말씀이 우리 삶에 네 단계에 걸쳐 변화를 일으키는 것을 경험하게 된다. (1) 진리와의 대면 (2) 죄의 자각 (3) 확신 (4) 회심

시편 51편을 읽고, 이 네 단계를 이용해 본문에서 발견한 진리를 적용해보라.

단계 1: 진리와의 대면

관찰과 해석 단원에서 배웠던 원리들을 적용하여 시편 51편을 살펴볼 때, 중요하게 다가오는 부분은 무엇인가?

단계 2: 죄의 자각

이 두 번째 단계에서는 자신에게 숨어 있는 죄를 살피고 다루는 작업을 한다. 본문을 읽을 때 책망하고 바르게 하시는 성령의 손길을 느낀다면, 그것은 우리가 회개하기를 원하시기 때문이다. 그래야 변화되고 발전할 수 있다. 시편 51편 가운데 죄를 일깨워준 구절이 있다면 무엇인가?

단계 3: 확신

본문에서 의롭게 살아야겠다는 확신을 갖도록 긍정적인 동기부여가 된 구절이 있다면 무엇인가?

단계 4: 회심

회심은 일회적인 사건이 아니라 하나님의 진리를 대면할 때 일어나는 변화로서, 구체적인 삶의 변화로 나타난다. 시편 51편에서 변화되고 싶다는 마음을 불러일으킨 구절이 있다면 무엇인가?

62 | 삶을 변화시키는 진리

오늘의 본문 히브리서 4:12-16 **예상 소요 시간** 45분

"하나님 말씀의 거울은 궁극적으로 회심을 가져다준다. 즉, 진리에 노출된 결과 우리는 정말로 변화된 삶을 살아가게 된다. 이러한 변화는 우리가 믿음을 갖게 될 때 시작된다. 그러므로 우리는 그 엄청난 경험을 회심이라고 부른다. 그러나 참된 회심은 단 한 번의 사건만은 아니다. 점점 더 그리스도와 같은 모습으로 바뀌어가는 지속적인 과정이다. 그리고 이 과정은 우리가 직접 그리스도를 만나 뵙는 그날까지 계속된다." 『삶을 변화시키는 성경연구』 375쪽

이번에는 신약 성경을 본문으로 하여 앞장의 네 단계를 적용해 자신을 살펴보라. 이번에는 마무리 부분에서 짧은 과제가 하나 추가된다.

단계 1: 진리와의 대면

관찰과 해석 단원에서 배웠던 원리들을 적용하여 히브리서 4장 12-16절을 살펴볼 때, 중요하게 다가오는 부분은 무엇인가?

단계 2: 죄의 자각

히브리서 4장 12-16절에서 죄에 대해 깨닫게 한 구절이 있다면 무엇인가?

단계 3: 확신

본문에서 의롭게 살아야겠다는 확신을 갖도록 긍정적인 동기부여가 된 구절이 있다면 무엇인가?

단계 4: 회심

히브리서 4장 12–16절에서 변화되고 싶다는 마음을 불러일으킨 구절이 있다면 무엇인가?

이제 시편 51편과 히브리서 4장 12–16절을 다시 묵상하면서 자신의 행동 가운데 고쳐야 한다고 생각되는 부분이 있는지 살펴보라. (예를 들어, 『삶을 변화시키는 성경 연구』 40장에 언급된 몇 가지 사례를 소개한다: 제한 속도 준수하며 운전하기, 날마다 최소 한 가지 이상 감사할 거리 찾기, 술 끊기, 정기적인 헌금 습관 갖기, 주일에 일하지 않고 휴식하기, 음란물 시청 중단하기, 텔레비전을 끄고 가족과 친밀한 시간 보내기, 체중을 적절히 유지하기 등.) 이 밖에 개선해야 할 다른 사항들이 있다면 생각나는 대로 적어보라.

63 | 변화된 사람

오늘의 본문 출애굽기 31:1-11, 열왕기상 6장　**예상 소요 시간** 30분

"'만드신 바'는 아름다움뿐만 아니라 유용한 것이라는 사실도 강조한다. 실제로 어떤 물건을 디자인하는 것은 그 물건이 특정한 목적을 잘 수행하는 것을 염두에 두고 이루어진다…"만드신 바"라는 표현은 아름다움뿐만 아니라 기능적인 부분도 포함한다" 『삶을 변화시키는 성경연구』 380쪽

'계획적 구식화'(planned obsolescence)를 의도하여 물건을 대량으로 싼값에 생산하는 체제에 길들어 있는 현대인들에게는 어쩌면 장인 정신이 녹아든 물건을 올바로 식별할 수 있는 감각이 사라져버렸는지 모른다. 그러나 오늘 본문을 보면 출애굽 시대의 광야 생활 중에서도 하나님이 탁월한 장인 솜씨를 발굴하시고 적절히 사용하시는 모습을 볼 수 있다.

▶ 출애굽기 31장 1-11절을 읽으라. 본문에서 이름이 거론된 두 장인은 누구인가? 그들의 이름이 우리에게 다소 낯설게 여겨지는 이유는 무엇이라고 생각하는가?

▶ 하나님은 이동식 성전인 성막의 건축과 관련된 지시 사항을 전달해주신다. 후대의 성전처럼 영구적 목적이 아니라 임시로 사용하려는 것이다. 임시로 사용될 건물 공사에 고도로 숙련된 장인의 솜씨가 요구된 이유는 무엇이라고 생각하는가? 이스라엘 백성이 약속의 땅에 들어가기까지 가까이서 쉽게 구할 수 있는 재료를 가지고 임시방편으로 만들지 않은 까닭은 무엇인가?

▶ 하나님은 이 두 사람을 선택하시고 특별한 솜씨와 재능을 허락해주셨다. 신약에 소개된 영적 은사들을 보면 탁월한 기술이나 예술적 재능이 포함된 경우는 없다. 하나님이 지금도 여전히 특정 개인들에게 음악이나 예술, 혹은 뛰어난 수공 솜씨를 은사로 주신다고 생각하는가?

▶ 이스라엘 백성이 마침내 더 항구적인 성전을 건축하게 되었을 때도 역시 뛰어난 장인들의 솜씨가 동원되었다. 열왕기상 6장을 읽으라. 하나님을 예배하는 데 꼭 '필요하지는' 않지만 예술적 완성도를 높이기 위해 솔로몬이 추가로 성전에 포함시킨 것들은 무엇인가?

▶ 구약에서 장인의 솜씨를 강조한 부분은 신자들을 하나님의 작품이라고 한 바울의 언급(엡 2:10)과 관련이 있다고 생각하는가? 그렇다면 구체적으로 어떤 관련이 있다고 생각하는가?

▶ 이 영적 진리를 구체적으로 어떻게 적용할 수 있는가?

64 변화된 사람

오늘의 본문 에베소서 2:11-22　　**예상 소요 시간** 45분

"변화는 무엇을 의미하는가? 그것은 과거에 옛 방식대로 살던 사람이 이제는 그리스도와 새로운 관계를 맺고 살아가는 것을 의미한다. 또한 이 사실은 그 사람에 관한 모든 것에 영향을 미친다. 그는 하나님 앞에서 새로운 사람이 된 것이다. 새로운 심장, 성령 하나님이 위로부터 공급하시는 새로운 능력, 하나님 말씀을 이해할 수 있는 새로운 능력, 그리고 새로운 인생의 종착역을 갖게 된 것이다. 전혀 새로운 모습으로 살아가게 된 것이 결코 놀랄 일이 아니다." 『삶을 변화시키는 성경연구』 385쪽

『삶을 변화시키는 성경 연구』의 40장과 41장은 많은 지면을 할애해 변화의 개념을 설명하고 있다. 앞장에서는 구약의 장인들이 가공되지 않은 날 재료들(나무, 금 등)을 이용해 놀라운 물건들을 만들어내는 훌륭한 솜씨를 살펴보았다. 성막과 성전은 하나님이 주신 예술적 재능의 결과물이었다.

그러나 하나님은 뛰어난 솜씨를 지닌 장인이시고, 신자인 우리는 그분이 만드신 작품임을 이해하는 게 더 중요하다. 41장은 에베소서 2장 10절을 일차 본문으로 사용했다. 이 본문 연구를 통해 이 절을 더 포괄적인 문맥에서 바라보고, 변화에 대해 더 자세히 배울 수 있을 것이다.

에베소서 2장 11-22절을 읽으라. 41장에서 에베소서 2장 10절에 언급된 단어들의 뜻을 정리해둔 부분을 다시 읽어보고, 아래 내용들을 이해하는 데 도움이 될 부분이 있는지 살펴보라.

• 하나님이 만드신 바라(피조물의 아름다움과 기능성)

• 선한 일(사람들은 무슨 일을 하도록 지어졌는가? 더 구체적으로 당신은 무슨 일을 하기 위해 지어졌는가?)

• 전에(21세기를 살아가는 우리가 선한 일을 하도록 하나님이 이미 준비해두신 것은 무엇인가?)

• 행하다(이 구절은 일상생활 속에서 하나님의 뜻대로 살아야 한다고 어떻게 권면하는가?)

이제 다시 한 번 에베소서 2장 11-22절을 읽으라. 이번에는 41장에 소개한 신자의 "옛 품성과 새 품성"에 대해 그 의미를 보다 깊이 생각하면서 읽으라. 어떤 면에서, 하나님이 놀라운 솜씨로 창조하셨던 그 모습이 지금도 자신에게 있다고 생각하는가? 하나님을 알기 전의 자신과 비교해볼 때 지금은 어떤 변화가 일어났는가?

65 | 적용 과정

오늘의 본문 전도서 3:1-14　　예상 소요 시간 45분

"노출 과다나 현상 시간 부족으로 사진을 버리는 초보 사진사와 같은 그리스도인이 많다. 그들은 하나님의 말씀이라는 햇빛에 자주 노출된다. 그러나 그들의 삶에는 별다른 변화가 일어나지 않는다…영적 성장은 곧 변화에 헌신하는 것이다. 바로 여기에 우리의 문제가 있다. 우리는 마음의 변화를 가장 싫어한다. 변화를 피하기 위해서라면 무엇이든 다 한다." 『삶을 변화시키는 성경연구』 392쪽

이번 과와 다음 과를 제대로 공부하기 위해서 『삶을 변화시키는 성경 연구』 42장을 복습하는 것도 좋을 것이다. 42장에는 성경을 적절하게 적용하는 네 단계가 나와 있는데, 간단하게 살펴보면 다음과 같다.

1단계 알라 – 우리는 성경 본문을 알아야 하고, 또 우리 자신을 알아야 한다.

2단계 경험과 연결하라 – 우리는 하나님의 말씀을 우리의 경험과 연결시켜야 한다.

3단계 묵상하라 – 우리는 말씀이 우리 가슴과 마음에서 지속적으로 역사할 수 있도록 말씀을 외우고 묵상하는 데 깊은 관심과 주의를 기울여야 한다.

4단계 실천하라 – 진리를 실천하는 것이야말로 성경을 공부하는 기본적이고도 중요한 목적이 되어야 한다.

▶ 전도서 3장 1–14절을 읽고 이 네 단계를 순서대로 밟으라. 그리고 앞에서 관찰과 해석에 대해 배운 것들을 토대로 본문을 검토하고 그것을 당신의 삶에 연결시켜라. 그런 다음 당신이 깨달은 것에 대해 묵상하라(본문의 처음 여덟 절은 정말로 암송할 만한 가치가 있는 아주 뛰어난 부분이다). 끝으로, 본문 말씀을 적용할 수 있는 방법을 적어도 세 가지 정도는 발견하라. 당신은 이 본문을 삶에 어떻게 적용하겠는가?

66 | 적용 과정

오늘의 본문 갈라디아서 5:16-26 **예상 소요 시간** 30분

"삶의 변화는 어떻게 일어나는가? 먼저 하나님 말씀에서 시작된다. 성경은 우리 삶에 변화를 일으키기 위해 하나님이 사용하시는 도구다. 그러나 먼저 말씀이 내 삶을 바꿔야 한다. 그러면 말씀은 내가 속한 세상을 바꾼다." 『삶을 변화시키는 성경연구』 390-391쪽

지난 과에서 제시한, 적용의 네 단계를 차근차근 밟으면서 갈라디아서 5장 16-26절을 읽으라. 본문에서 바울은 인간에게 있는 가장 추악하고 더러운 속성과 하나님이 우리에게 주시고자 하는 최상의 선물을 대비시킨다. 지금 당신의 영적 상태와 상관없이, 당신은 이 본문을 검토하는 동안 삶에 연결할 만한 훌륭한 적용점 몇 가지를 발견하게 될 것이다.

▶ 본문에서 반드시 알고 넘어가야 할 것들은 무엇인가?

▶ 당신은 이 본문을 당신의 삶에 어떻게 연결시킬 것인가?

▶ 시간을 더 할애하여 본문을 묵상하라(이 본문도 전부 혹은 일부를 암송해서 자기 것으로 만들기에는 더 할 수 없이 훌륭하다).

▶마지막으로, 본문에서 배운 것을 구체적으로 실천할 수 있는 방법을 강구해보라.

67 맞춤형 기독교

오늘의 본문 예레미야 36장 **예상 소요 시간** 30분

LIVING BY THE BOOK WORKBOOK

다양한 환경만큼이나 사람마다 처한 형편도 다양하다. 이 말은 성경을 적용하는 내용이 사람마다 다를 수 있다는 뜻이다. 동일한 진리를 각기 다르게 적용할 수 있다. 그건 누가 누구보다 더 잘나서가 아니라 서로 다르기 때문이다.

▶ 예레미야 36장을 읽으라(익숙치 않은 사람들의 이름이 많이 등장한다 해도 본문에 소개된 사건에 관심을 집중해야 한다). 관찰과 해석 단원에서 소개된 원리대로 충실히 본문을 살피고 해석하라. 본문 관찰을 통해 깨닫게 된 진리들이 있다면 무엇인가?

▶ 이제 적용 단계로 들어가라. 자신이 처한 삶의 환경을 생각해보라. 과거의 일이든, 현재의 일이든 이 성경의 사례가 도움이 될 상황이 구체적으로 떠오르는가?

▶ 생각해보기: 이 본문의 진리를 어떻게 적용해야 그 상황을 실제로 개선할 수 있는가?

▶ 적용 과정은 교육 수준, 각자가 중시하는 가치, 실천 방식(일을 실천하는 평상시 방식), 재능(하나님이 주신 장점)에 따라 영향을 받을 수 있음을 기억하라.

▶ 아래에서 설명하고 있는 개인들은 동일한 구절(렘 36장)에 어떻게 반응할 것인지 예상해보라. 당신과 동일한 적용을 할 것이라 생각하는가? 아니면 적용점이 다를 것이라 생각하는가?

- 열심히 노력했지만 학점이 낮아 괴로운 대학 1학년생
- 상사와의 관계에서 어려움을 겪고 있는 회사원
- 부당한 일을 당할 때 분노를 다스리기 어려운 그리스도인
- 새롭게 부임한 교회에서 어려움을 겪고 있는 젊은 목회자

68 맞춤형 기독교

오늘의 본문 빌립보서 4:1-9　　예상 소요 시간 45분

"적용 과정에서는 하나님이 우리를 다르게 디자인하셨기 때문에, 각각의 강점과 한계를 지닌 채 말씀 앞에 서게 된다는 사실을 기억하라. 하나님의 디자인을 인정하고 또 그 방식에 대해 협조할 때, 하나님이 의도하신 특정한 방법대로 그분의 말씀을 우리 삶에 더 잘 실천할 수 있게 된다."

『삶을 변화시키는 성경연구』 415쪽

오늘 우리가 해야 할 과제는 두 가지다. 첫째, 빌립보서 4장 1-9절을 읽고, 적용 과정에 대해 배운 원리들을 사용해 바울이 빌립보 교회에 보낸 편지 내용을 개인적으로 어떻게 적용할지 살펴보라. 이 구절에서 자신에게 적용할 만한 구절들이 무엇인지 찾아보라. 가령, 두 여성도 사이의 공개적 언쟁(2-3절), 항상 기뻐하라는 단호한 명령(4절), 아무 것도 염려하지 말고 늘 기도함으로 놀라운 하나님의 평강을 경험하라는 권면(6-7절), 오직 긍정적인 것만 생각하도록 마음을 훈련하기(8절) 등.

아래에 개인적으로 적용하고 싶은 깨달음을 적어보라.

두 번째 과제는 친구나 가족 가운데 세 명을 택해 빌립보서 4장 1-9절을 읽고 적용점을 찾게 하는 것이다. 그들이 과제를 마치면 당신이 적은 적용점과 비교해보라. 적용점이 같을 수도 있지만 다를 수도 있다. 동일한 구절에 대한 다양한 반응들을 통해 '해석은 하나지만 적용은 다양하다'는 사실을 확인하는 계기가 될 것이다.

69 | 문맥 속에서의 문화

오늘의 본문 창세기 25:19-34, 27:1-46 **예상 소요 시간** 60분

"이미 해석의 단계에서 우리는 문맥의 중요성을 알아보았다. 적용에도 맥락 또는 상황을 이해하는 것이 중요하다. 고대의 문화를 이해해야 한다. 본문이 기록될 당시의 문화와 본래의 수신자들이 처한 상황을 잘 이해하면 할수록 더욱 정확하게 이해할 수 있다. 또한 동시에 현재의 문화적 실정에 맞게 그 말씀을 적용할 수 있게 된다. 그러나 이것으로 끝나는 게 아니다. 우리의 문화도 잘 이해해야 한다. 당시의 문화에 대한 통찰력만큼이나 우리의 문화에 대한 통찰력도 필요하다."

『삶을 변화시키는 성경연구』 426쪽

▶ 야곱과 에서 사이에 있었던 갈등과 알력에 대해 모르는 사람은 거의 없을 것이다. 그러면 에서가 장자의 명분을 파는 대가로 야곱에게서 받아 먹은 붉은 죽 사건(창 25:27-34)에 담겨 있는 의미를 알고 있는가? 그리고 이삭이 에서 대신 야곱을 축복해준 사건 이면에는 어떤 거래가 깔려 있는지 알고 있는가?

▶ 본문에서 어떤 일이 일어나고 있는지 부분적으로는 감을 잡을 수 있어도, 당시 문화를 분명히 알기 전까지는 그 의미를 온전히 이해할 수 없다. 때문에 이 이야기를 좀 더 잘 이해하는 데 도움이 될 만한 정보들을 찾아야 한다. 그리고 출생상의 권리와 장자의 권리 사이에는 어떤 차이

가 있는지 그에 대한 정보도 찾아보라. 그러기 위해서는 이 문제가 논의되고 있는 다른 성경 본문을 찾아보는 것이 가장 빠르고 정확할 것이다. 성경에서 얻을 수 있는 정보를 다 입수하고 난 다음에는 주석이나 성경 사전 같은 자료로 옮겨가면 된다. 그리고 전에는 몰랐던 새로운 것을 발견할 때마다 아래에 자세히 기록하라.

▶ 성경이 쓰일 당시의 문화와 그때 일어난 사건들의 의미를 제대로 이해하기만 해도 성경 공부의 반은 마친 것이다. 야곱과 에서의 딜레마를 좀 더 이해하게 되자 당신은 현대 문화에 대해 어떤 교훈을 발견할 수 있었는가? 그리고 부모로서 자식을 편애하는 것과 형제 사이의 경쟁, 출생 순위 등에 대해서는 무엇을 알 수 있었는가? 이러한 문제들과 관련하여 특별히 깨달은 것이 있다면 기록해보라.

70 | 문맥 속에서의 문화

오늘의 본문 마가복음 1:21-45　　**예상 소요 시간** 60분

LIVING BY THE BOOK WORK BOOK

"중요한 것은 하나님 말씀은 영원하고 변함이 없지만, 우리가 사는 이 세상은 그렇지 못하다는 것이다. 그러므로 하나님의 진리를 살아내려면 그 진리를 우리 삶의 현장 속으로 끌고 들어와야 한다. 그러나 이미 43장에서 경고한 것처럼, 우리의 문화에 잘 맞도록 진리를 변형시키지 않도록 주의해야 한다. 그 대신 우리에 필요의 맞게 그 진리의 적용을 바꾸어 나가면 되는 것이다."

『삶을 변화시키는 성경연구』 426쪽

▶ 예수님이 일으키신 기적에 관한 기사는 복음서에서 수없이 찾아볼 수 있다. 그분은 거리를 다니시면서 병든 자를 고쳐주셨고, 귀신 들린 자에게서 귀신을 쫓아내셨으며, 죽은 자를 일으키셨다. 그분이 행하신 기적은 이루 헤아릴 수 없이 많았다. 그렇다면 당신은 예수님과 같은 문화 속에 살면서 그분이 일으키시는 기적을 직접 목격하는 것이 어떤 것인지 진지하게 생각해본 적이 있는가?

▶ 마가복음 1장 21–45절을 읽고, 예수님 시대의 사회에 대해 살펴보라. 예수님 시대에는 당시 문화에서만 볼 수 있는 두 가지 독특한 점이 있었는데, 하나는 거리를 걸어 내려가는 것이고, 다른 하나는 그렇게 걸으며 도움과 치료가 필요한 사람들을 만나는 것이었다. 그렇다면 이 둘은 각각 무엇을 의미할까?

▶ 관찰 단계에서 했던 것과 마찬가지로, 이번에도 오직 성경을 근거로 무엇을 발견할 수 있는지 찾아보라. 그리고 당시 사회에서 문둥병과 귀신 들린 것이 무엇을 의미하였을지에 대한 단서를 최대한 많이 찾은 후에, 다른 자료들을 참고하라. 당시 문화에서는 그런 병에 걸린 사람들을 어떻게 대했는가?

▶ 이 본문이 오늘을 살아가는 우리에게 주는 교훈은 무엇인가? 요즈음에는 문둥병자나 귀신 들린 사람이 그때만큼 많지는 않다. 그러면 이 본문을 현재 우리 삶에는 어떻게 적용해야 할까?

71 | 본문으로부터 원리 도출하기

오늘의 본문 레위기 16장　**예상 소요 시간** 60분

LIVING BY THE BOOK WORK BOOK

유용하고도 정확한 원리들을 적용하기 위해서는 본문에 대한 정확한 이해와 현재 자신이 처한 환경에 대한 날카로운 통찰력이 필요하다. 성경적으로 올바른 원리들을 발견하고 적용시키는 데 도움이 되는 몇 가지 질문을 소개하겠다.

1. 이 본문이 쓰였을 당시의 상황에 대해 무엇을 알아낼 수 있는가?

2. 당시 상황 가운데 본문이 의미하는 것은 무엇인가?

3. 이 본문 속에 나타난 근본적이고 일반적인 진리는 무엇인가?

4. 이 진리를 모든 사람이 알아들을 수 있도록 한두 문장으로 요약하면 어떻게 할 수 있는가?

5. 이 진리는 우리가 속한 문화와 상황에서 어떤 문제들에 대해 이야기하는가?

6. 이 진리를 당신의 삶과 당신 주변 사람들에게 적용했을 때 어떤 영향을 미칠 것인가? 이 진리는 어떠한 변화를 요구하는가? 어떠한 가치관을 강조하는가? 어떠한 변화를 가져오겠는가?

위의 여섯 가지 질문에 더하여 다음 네 가지 사실도 염두에 두기 바란다. 첫째, 당신이 발견한 원리들은 성경 전체의 일반적인 가르침과 조화를 이루어야 한다. 둘째, 당신이 발견한 원리들은 실생활에서 맞닥뜨리는 필요, 관심, 의문, 문제에 해결책을 제시해야 한다. 셋째, 당신이 발견한 원리들은 어떻게 행동해야 할지를 일관되게 보여주어야 한다. 넷째, 당신이 발견한 원리들은 다른 경건한 사람들의 지지를 받아야 한다.

▶ 필요하다면『삶을 변화시키는 성경 연구』46장을 다시 한 번 읽으라. 그런 다음 오늘 본문에 근거하여 몇 가지 원리를 만들어보라.

▶ 레위기 16장은 이스라엘 백성이 일 년에 한 번 있는 속죄의 날 – 지금도 유대 사회에서는 가장 거룩한 성일로 지키며 하루 종일 단식한다 – 에 따랐던 절차들을 그리고 있다. 지금까지 공부하며 습득한 관찰과 해석이라는 기술을 이용하여 본문을 검토하라. 고대 히브리 문화권에서는 이 사건이 어떤 의미를 갖고 있었는가? 그리고 당신이 속한 문화권에서는 사람들이 하나님에 대해 어떻게 생각하고 있는가?

끝으로, 당신이 하나님과 맺고 있는 관계와 오늘날의 그리스도인 공동체에 두루 적용할 만한 원리를 이끌어내라.

72 | 본문으로부터 원리 도출하기

오늘의 본문 베드로후서 3장　　**예상 소요 시간** 60분

"성경을 공부하면서 원리들을 찾아낼 수 있다면, 말씀을 삶에 적용하는 데 상당한 도움을 얻게 된다. 영원히 변함없는 하나님의 말씀으로 성경이 기록된 당시와 우리가 사는 현대를 연결할 수 있게 된다… 그 순간 만일 당신에게 저장해 둔 성경적 원리가 많다면, 그것들이 처한 상황에 대처하는 데 풍족한 자원을 공급할 것이다. 원리들은 진리를 배가시켜 적용할 수 있게 해준다. '해석은 하나고 적용은 여럿이다'라는 원리를 마음껏 활용하는 것이다. 당장의 상황에 맞는 어떤 특정한 성경을 말할 수는 없을지도 모르지만, 우리가 이미 아는 진리로 하나님이 원하시는 항로를 더듬어갈 수 있게 해줄 것이다."

『삶을 변화시키는 성경연구』 436, 442쪽

▶ 성경에서 원리를 이끌어내는 데 필요한 제반 사항이나 질문들을 다시 한 번 훑어보고 싶으면 앞 과를 참조하라. 그런 다음, 오늘 성경 공부를 위해 베드로후서 3장을 읽으라. 본문은 장차 있을 예수님의 재림에 대해 말하고 있다. 1999년에서 2000년으로 넘어갈 때 전 세계가 새 천년에 대한 기대감과 Y2K 바이러스 문제로 떠들썩했다는 사실을 기억하는가? 그것을 근거로 예수님이 재림하실 때를 상상하며 본문에서 발견할 수 있는 원리들을 몇 가지 도출해보라.

73 | 삶의 변화 과정

오늘의 본문 각자의 재량대로 **예상 소요 시간** 60분

"대부분 적용이 그저 '의도' 수준에 머물고 만다. 그 이유는 언제, 어디서, 어떤 방식으로 적용이라는 여행의 첫걸음을 내딛을지 생각하기보다는, 여행의 종착지만을 생각하기 때문이다. 누군가 말했듯이 우리는 실패를 계획하지는 않지만, 계획하는 것 자체에서 실패한다."

『삶을 변화시키는 성경연구』 445–446쪽

『삶을 변화시키는 성경 연구』 47장은 성경 공부 – 관찰, 해석, 적용 – 를 끝까지 해내는 데 절대적으로 필요한 헌신과 더불어 우리 삶에서 일어나야 할 변화를 다루고 있다. 지금까지 이 워크북으로 공부해오는 동안, 당신은 성령이 당신의 삶에서 변화되기 원하는 부분을 일깨우시려 부드럽게, 혹은 강하게 어루만지시는 것을 느꼈을지도 모르겠다.

다음은 당신이 갖고 있는 좋은 의도를 행동으로 옮기는 데 필요한 세 가지 단계인데, 반드시 기억하기 바란다.

1. 무엇보다 삶의 변화를 결심하라. 그리고 당신이 진정 무엇을 바라는지 결정한 다음, 목표와 목적을 분명히 세우라. 절대 얼렁뚱땅 넘어가지 말고 가능한 한 자세히 구체적으로 하라.

2. 계획을 세우라. 목표를 세울 때와 마찬가지로 이번에도 가능한 한 구체적이고 세부적으로 계획을 세우라.

3. 계획을 세웠다면 행동으로 옮기라. 무슨 일이 생겼다고 뒤로 미루거나 포기하는 어리석음을 범하지 마라. 계획을 실천하되 당신의 실천이 열매 맺을 때까지 하라. 필요하다면, 점검표를 만들어 당신이 어느 정도 진보했는지 규칙적으로 평가하라. 그리고 당신이 곁길로 빗나가지도, 깊은 수렁에 빠지지도 않도록 지켜보고 격려해줄 모임을 만들어 하루, 혹은 한 주 단위로 서로 보고하는 것도 좋다.

당신의 삶 가운데 변화를 바라는 부분이 있다면 하나님께 상세하게 아뢰어, 하나님 말씀이 당신을 교훈하고 책망하며 바르게 하고 의로 교육하시게(딤후 3:16) 하라. 그러는 동안 당신은 이제까지는 불가능하다고 생각했던 긍정적인 변화가 당신의 삶 가운데 일어나는 것을 경험하게 될 것이다.

4부

실전 훈련

실전에 들어가며

지금까지 우리는 관찰과 해석과 적용이라는 세 범주로 나누어 다양한 성경 공부법을 소개했다. 그리고 관찰과 해석과 적용이 무엇인지 설명하기 위해, 성경을 부분별로 소개하여 그 방법에 적응할 수 있도록 도왔다.

그러면 이제부터는 지금까지의 과정을 역으로 해보자. 다시 말해, 어떻게 성경 공부를 해야 하는지 그 방법을 배우기 위해 성경을 읽는 게 아니라, 성경을 배우기 위해 이제까지 해온 성경 공부법을 한데 묶어 활용해보자. 그런 의미에서 앞으로 60일 동안은 이제껏 배워온 다양한 성경 공부법을 모두 동원하여 룻기와 야고보서를 살펴볼 것이다.

그리고 각 과마다 성경 공부 방법을 제시할 텐데, 그것은 어디까지나 당신을 돕기 위한 지침에 지나지 않으므로 너무 구속될 필요는 없다. 그리고 각 과의 순서를 당신 마음대로 재정렬하고 싶다면, 거리낌없이 그렇게 하라. 이제까지와 마찬가지로, 각 과를 마치는 데는 30분 이상 걸리지 않을 것이다. 그러나 시간을 좀 더 길게 잡고 싶거나, 혹은 단축시키고 싶으면 그렇게 하라. 그리고 이 교재에는 없는 전혀 새로운 것을 발견했거나, 우리가 제시한 것과 다른 길로 가고 싶은 충동이 생긴다면, 그것 또한 성경을 공부하는 자신만의 독특한 방법이 될 수 있으므로 기꺼이 그렇게 하라. 그리고 만에 하나, 이 워크북으로 룻기나 야고보서를 공부하고 싶은 마음이 전혀 없더라도, 우리가 이 두 책을 전혀 새로운 관점에서 접근할 수 있도록 관찰, 해석, 적용 단계에서 이 두 책을 많이 포함시키지 않았다는 점을 기억하고, 지금까지 공부해온 여세를 몰아 끝까지 나아가기 바란다. 공부해보면 알겠지만, 룻기와 야고보서에는 관찰과 해석과 적용 부분이 거의 균등하게 분배되어 있다. 다시 한 번 강조하지만, 관찰을 잘할수록, 해석과 적용도 그만큼 더 쉽고 자연스럽게 해결된다는 사실을 유념하기 바란다. 그리고 아직 룻기와 야고보서로 나아갈 준비가 되어 있지 않다면, 서두르지 마라.

이미 알고 있겠지만, 룻기와 야고보서는 성격이 판이하게 다르다. 그러나 여기에서는 똑같은 방법으로 두 책을 검토할 것이다. 성경 공부는 경주가 아니다. 그러므로 절대로 속도에 연연해할 필요가 없다. 잘 이해되지 않는 부분이 있다면, 따로 시간을 내서 이 워크북이나 『삶을 변화시키는 성경 연구』에 나오는 원리들을 차근차근 되짚어보면 된다. 설령 그렇게 하는 데 온종일이 걸렸다고 해도 절대로 시간 낭비로 생각하지 마라. 왜냐하면 다음 날 그만큼 더 잘하게 될 것이기 때문이다. 그리고 정말 중요한 것은 꾸준히 점차적으로 진보해가는 것이지, 그날 해야 할 분량을 다 마쳤다는 것이 아님을 명심하기 바란다.

이 워크북으로 하나님의 말씀을 연구하며 앞으로도 계속 말씀에 의지하려는 당신의 앞날에 하나님의 은혜가 함께하기를 바란다.

01 룻기

이번 한 달 동안 룻기를 공부하면서 룻기를 여러 번 읽게 될 텐데, 한 역본으로만 읽기보다는 매번 다른 역본으로 바꾸어 읽기를 권한다. 우선 오늘은 이야기의 흐름과 배경과 등장인물에 유의하며 본문을 통독하라. 그러면서 어떤 인물이 등장하는지, 어떤 장소가 언급되는지, 어떤 질문을 할 수 있을지 상세하게 적으라. 그리고 지금 당장 해결하지 못하는 문제가 있다 해도 너무 염려하지 마라. 그것을 메우고 보완할 수 있는 날이 앞으로도 29일이나 남았다.

인물

장소

공부에 박차를 가하기 위한 질문

02 룻기

상상력을 동원하여 룻기 1장을 읽으라. 이를테면,

- 이 이야기에 대해 당신이 아는 것이 이것뿐이라면, 당신은 이것이 누구에 대한 이야기라고 말하고 싶은가?

▶당신이 나오미라고 생각하고 아래 질문들에 대해 답해보라.

- 당신은 왜 고향을 떠났는가?

- 잘해보려고 노력했음에도 불구하고 결국 어떤 일이 일어나고 말았는가?

- 본의 아니게 일이 자꾸 틀어질 경우, 당신은 자신에 대해 어떻게 느끼는가?

- 그리고 하나님에 대해서는 어떻게 느끼는가?

• 며느리인 룻에 대해서는 어떻게 느끼겠는가?

▶이제 룻의 입장에서 본문을 읽고, 아래 질문에 답하라.

• 당신이 룻이었더라면 시어머니를 따라 고향을 떠났을 것 같은가? 그렇다면 그 이유는 무엇이고, 그렇지 않다면 그 이유는 무엇인가?

• 낯선 타국에서 자기 한 몸뿐 아니라, 힘없는 시어머니까지 돌보아야 한다면 마음이 어떻겠는가?

• 그런 상황에 처하게 된다면, 당신에게 가장 두려운 일은 무엇이고, 가장 관심이 가는 일은 무엇이겠는가?

• 그 밖에 또 어떤 생각을 할 것 같은가?

03 룻기

룻기 2장을 분석적으로 읽고, 아래 여섯 가지 질문에 답하라.

- 본문에는 어떤 사람들이 등장하는가?(1장에 나온 여섯 사람 가운데 겨우 두 사람만이 2장에 등장한다는 사실에는 어떤 의미가 있다고 생각하는가?)

- 본문에서는 어떤 일이 일어나고 있는가? 만일 이것이 주말 연속극이라면, 다음 주에는 어떤 내용이 방송될 것 같은가?

- 이 상황이 벌어지고 있는 장소는 어디인가? 그리고 그곳은 특별히 중요한 의미가 있는가?

- 이 이야기의 시간적 배경은 언제인가? 역사적으로 볼 때, 당시 여성의 역할에서 중요한 점은 무엇이었는가?

• 룻이 자진하여 나오미를 부양하기로 한 이유는 무엇이었으며, 보아스가 룻을 돕기로 자원한 이유는 무엇이었는가? 그리고 나오미가 룻에게 보아스의 밭에서 이삭을 줍도록 격려한 이유는 무엇이었는가? 이들 개개인의 성격을 속속들이 꿰뚫어볼 수 있겠는가?

• 당신은 여기에서 일어나고 있는 모든 사건에 어떤 중요한 의미가 있다고 생각하는가?

04 룻기

룻기 3장을 보라. "암흑 속에서 한 줄기 빛이 비추었다. 이는 악취 나는 연못 위의 한 송이 순결한 백합과 같았다. 하나님을 배반하는 모습이 난무한 현실 속에서 그분을 경외하는 고귀한 한 가정이 나타난 것이다. 그럼에도, 룻이 보아스라는 사람의 발밑에서 하룻밤을 보낸 사건을 두고 룻기를 험담하는 소리를 가끔 듣는다. 어떤 사람은 킬킬거리며, 나에게 '이봐, 이 책은 꽤 멋진 책 아닌가? 약간 야하잖아?"라고 말하기도 했다.' 『삶을 변화시키는 성경연구』 301-302쪽

문화적으로 어떤 일이 일어나고 있는지에 대해서는 후에 다른 문헌들을 참고하기로 하고, 오늘은 룻기 3장만 집중해서 묵상하여 등장인물들로부터 무엇을 배울 수 있는지 살펴보자. 오늘 과제는 하나지만, 수필식으로 길게 써내려가야 한다는 점에서는 부담이 될 수도 있을 것이다. 오늘 질문은 "룻이 나오미의 말대로 깨끗이 목욕하고, 좋은 옷을 입고, 한밤중에 보아스가 자는 곳에 살짝 들어가 누운 것은 보아스와 동침하기 위한 것이었는가, 아니면 다른 목적이 있었는가? 당신의 생각을 이야기해보라"이다.

05 룻기

목적을 이해하며 룻기 4장을 자세히 읽으라. 룻기는 문학적으로 볼 때 예술이라고 할 만큼 뛰어난 작품이다. 그러므로 룻기에 나오는 문학적 구조는 집중해서 검토해볼 만한 가치가 있다. 이를테면,

- 이 책의 전기적 구조에서 중요한 점은 무엇인가? 저자가 등장인물에 이토록 큰 비중을 두는 이유는 무엇인가?

- 이 책의 지리적 구조에서 중요한 점은 무엇인가? 룻기의 공간적 배경이 유다에서 모압으로, 다시 모압에서 유다로 옮겨간 이유는 무엇인가?

- 역사적으로 이 이야기는 어떤 중요한 의미를 갖고 있으며, 그 이유는 무엇인가?(이에 대해서는 4장 끝에 가서야 답을 발견할 수 있다.)

- 이 책의 연대순과 관련하여 주목할 만한 점은 무엇인가? 그리고 이 책의 감정적 어조를 처음부터 끝까지 그래프로 나타낸다면 어떤 모양이 되겠는가?

- 관념적인 면에서 볼 때 룻기의 중심 주제는 무엇인가?

06 룻기

망원경적인 시각으로 룻기를 읽어보라. 책 서두에서 유다에 전국적으로 어떤 일이 일어났음을 알 수 있는가?

▶ 이야기가 결말을 향해 치달음에 따라, 이 이야기를 개인의 이야기가 아닌 유다 전체의 이야기로 격상시키는 정보가 하나 주어지는데, 그것은 무엇인가?

▶ 이 이야기가 유다 전체와 관련된 중요한 이야기라면, 지금까지 나오미와 룻과 보아스의 이야기만 현미경으로 들여다보듯이 상세하게 묘사된 이유는 무엇일까? 즉, 언뜻 보기에는 별로 중요해 보이지 않는 이 세 사람에 대해 될 수 있는 한 많은 것을 알려주기 위해 저자가 그들에게만 초점을 맞추어 확대시킨 이유가 무엇일까?

기도하는 마음으로 룻기를 읽으며 등장인물들이 사용한 말들을 눈여겨보라. 특별히 "여호와께서…원하노라"라는 표현이나, 그와 유사한 표현이 나오는 절은 모두 기록하라.

▶ 지금보다 좀 더 많은 사람이 하나님께 당신을 위해 선한 일을 해주시기를 규칙적으로 간구한다면, 앞으로 당신의 인생관이 어떻게 달라질 것 같은가?

08 룻기

룻기 전체를 읽되 반복되어 나오거나 강조되어 나오는 것을 찾으라. 그것을 찾으려면 그 이야기에 얼마나 많은 지면을 할애했는가, 그리고 사건의 순서를 어떻게 결정했는가, 또는 별로 중요하지 않은 것에서 점차 중요한 것으로 나아가는가, 혹은 그 반대로 나아가는가 등을 눈여겨보면 된다. 예를 들어, "룻기가 처음에는 비극적으로 시작했음에도 불구하고 전체적으로 좋은 느낌과 잔잔한 감동을 주는 이유는 무엇인가? 룻기가 이렇듯 긍정적인 이미지로 독자에게 다가오는 이유는 무엇인가?" 등과 같은 질문을 던지며 책을 읽으면 된다.

반복되어 나오는 것들을 살펴보면 거의 대부분 용어나 구, 인물과 사건 그리고 상황과 행동 유형 같은 것들이 주가 됨을 알 수 있다. 개인적으로 우리는 믿음에서 나온 행동들 위주로 찾아보라고 권하고 싶다. 그런 관점으로 룻기를 읽으면, 룻기 안에 엄청난 반복이 들어 있음을 발견하게 될 것이다. 이제 앞에서 언급한 요소들 외에 또 어떤 중요한 것들이 반복되고 있는지 찾아보라.

09 룻기

오늘은 비슷한 것들과 상반된 것들에 유의하면서 룻기를 읽으라. 룻기에는 한눈에 발견할 수 있는 은유나 직유 같은 것들이 그리 많지 않다. 그러므로 각각의 인물들이 무엇을 대변하는지 유의하며 읽어야 한다. 룻기에 등장하는 인물들은 각각 누구에 비유할 수 있으며, 또 서로와는 어떻게 비교될 수 있는가? 그리고 본문 안에 나오는 명확한 대조를 부각시키기 위해 아이러니가 사용된 예가 있다면, 그 예를 찾아보라.

10 룻기

오늘은 서로 연관된 것들을 중심으로 룻기를 읽으라. 관련된 것들을 찾으려면 일반적인 것에서 구체적인 것으로의 전이, 질문과 대답 혹은 원인과 결과 위주로 살펴보아야 한다. 어쩌면 앞의 두 가지보다는 원인과 결과를 통해 더 많은 예를 발견할 수도 있다. 물론 세밀하게 읽으면, 특정 인물과 사건이 어떻게 연관되었는지 쉽게 발견할 수 있는 것은 당연하다. 당신이 발견한, 서로 연관된 것들에 대한 모든 예를 아래 빈칸에 적으라.

이제 해석으로 넘어가자. 그런다고 크게 달라질 것은 없겠지만, 그래도 단순히 관찰만 하는 것으로 그치지 않고 본문을 정확하게 이해하고 의미를 제대로 파악한다는 점에서는 지금까지 공부해오던 것과 조금 다를 것이다.

먼저 룻기가 문학적으로 어떤 장르에 속하는지 고찰해보라. 개인적으로 우리는 룻기가 전기와 설화 문학의 중간쯤이라고 생각한다. 그리고 당신도 지금까지 룻기를 여러 번 통독했으므로 우리 생각이 맞는지 그른지 가늠해볼 수 있을 것이다. 그러면 48과에 나와 있는 '성경에 나타난 문학 양식들'을 다시 한 번 읽어보고, 과연 우리 생각이 맞는지 그른지 확인해보기 바란다.

룻기처럼 전기와 설화 문학이 어우러진 본문에 접근할 때마다 우리는 아래의 질문들을 던지곤 하는데, 이중 일부는 당신이 이미 대답한 것이다. 그러므로 될 수 있으면 처음 보는 질문들 위주로 답하되, 이미 답을 얻은 질문들도 다른 차원에서 좀 더 깊게 생각해보기 바란다. 그렇게 하다 보면 이미 알고 있는 것들을 통해서도 종종 새로운 통찰력을 얻을 수 있다.

▶ 구성은 어떠하며, 이야기는 어떻게 전개되고 있는가?

▶ 어떤 인물들이 등장하며, 그들은 어떻게 그려지고 있는가? 그리고 그들이 맡은 역할은 각각 무엇인가?

▶ 각각의 인물들은 서로서로, 또 하나님과 어떻게 연결되어 있으며, 이야기가 전개됨에 따라 진보하는 면을 보여주는가, 아니면 퇴보하는 면을 보여주는가? 혹은 퇴보만 거듭하다가 결국 실패로 이야기를 마감하는가?

▶ 개개인으로 보았을 때, 등장인물들은 어떤 사람들이며 다른 사람과는 어떤 식으로 관계를 맺고 있는가? 당신이 그들에 대해 좋아하는 점은 무엇이고, 싫어하는 점은 무엇인가? 그리고 만약 당신이 그들이라면 어떻게 했겠는가?

▶ 이 이야기가 시사하는 바는 무엇이며 던지는 질문은 무엇인가? 등장인물들은 살아가면서 부딪히는 피할 수 없는 문제들에 어떻게 대처하고 있는가? 그리고 그들이 하나님에 대해 발견한 바는 무엇인가?

12 룻기

오늘은 내용에만 초점을 맞추어 룻기를 읽은 뒤, 첫째 날 당신이 작성한 질문들을 훑어보라. 아마 지금쯤은 질문 대부분에 대해 답을 발견했을 것이다. 물론, 아직 답을 찾지 못한 것들도 있겠지만 말이다.

어쩌면 당신은 지금까지 룻기를 공부해오며, 첫째 날 만든 질문 목록에 다른 질문들을 계속 더하고 있을지도 모르겠다. 만일 그렇다면 아주 잘하고 있으므로 그 여세를 계속 몰아가라. 그리고 룻기를 공부하면서 궁금한 점이 생길 때마다 하나도 빠뜨리지 말고 적으라. 룻기를 마치려면 아직 18일이나 남았다. 그러므로 궁금한 질문에 논리적인 답을 달지 못했다 해도 조급해할 필요는 없다.

13 룻기

오늘은 룻기의 역사적 배경에 대해 생각해보자. 당신은 그때가 "사사들이 치리하던 때"(1:1)라는 것을 이미 알고 있을 것이다. 그러면 "사사들이 치리하던 때"란 과연 어떤 때를 말하는 것일까? 이에 대해서는 사사기를 살펴보면 알 수 있다. 그러면 오늘 공부를 위해 룻기 앞에 있는 사사기를 읽어보자. 어쩌면 사사기에 매력을 느껴 나중에 좀 더 깊이 공부하고 싶어질 수도 있다. 그러나 오늘은 룻기의 역사적인 배경에만 초점을 맞추자. 예를 들어,

- 당시 이스라엘과 주변국과의 관계는 어떠했는가?

- 당시 이스라엘의 지도 체계는 어떠했는가?

- 이 이야기는 모세는 죽고 선지자들은 아직 일어나지 않았던 때를 배경으로 한다. 그렇다면 하나님은 그분의 백성과 어떤 방법으로 의사소통하셨을까?

- 당신은 룻과 나오미를 격려한 대담한 여인들을 본문에서 발견할 수 있는가?

- 당시 이스라엘 백성의 영적 상태는 어떠했는가?

- 그 밖에 본문에서 발견할 수 있는 역사적으로 중요한 사건으로는 무엇이 있는가?

14 룻기

룻기는 베들레헴과 모압이라는 두 장소를 공간적 배경으로 한다. 오늘 과제는 이 두 장소에 대해 연구함으로써 본문의 지리적 배경에 대한 정보를 입수하는 것이다. 우선 성구 사전을 참조하여 베들레헴과 모압에 대해 성경 안에서 발견할 수 있는 정보들을 찾은 뒤, 다른 문헌들을 참고하여 이 두 지역이 얼마나 중요한 곳이었는지 살펴보라.

모압에 대해 발견한 것

베들레헴에 대해 발견한 것

15 룻기

오늘은 신학적 배경에 유의하며 룻기를 읽어보라. 당신이 구약 성경에 대해 얼마나 많은 지식을 갖고 있는지는 모르겠지만, 아무튼 당신이 갖고 있는 지식에 근거하여, 한 나라의 지리적 위치가 그 나라의 신학에 어떤 영향을 미치는지 추측해보라. 즉, 한 국가 안에서도 종교가 지역에 따라 지방색을 띠는지 그렇지 않은지 알아보라.

▶ 지금쯤은 룻의 고향인 모압과 나오미의 고향인 베들레헴에 대해 웬만큼 알게 되었을 것이다. 그렇다면 당신은 나오미가 하나님에 대해 어떠한 사실을 알고 있었으리라 생각하는가? 그리고 룻은 하나님에 대해 무엇을 알았을 거라고 생각하는가?

▶ 신학적인 관점에서 본다면, 룻과 나오미 사이에는 어떤 문제가 있었을 것 같은가? 당신은 이 두 사람 사이에서 어떤 차이점을 발견할 수 있는가?

▶ 당신은 나오미의 영적인 정열과 헌신을 어떻게 평가하고 싶은가? 그리고 보아스와 룻에 대해서는 어떻게 평가하고 싶은가?

16 룻기

오늘은 비교를 사용하여 룻기를 해석하라. 그러면 룻기가 성경의 다른 책들과 어떻게 다른지 알 수 있을 것이다. 지금까지 룻기는 낭만적인 이야기의 결정체로 인식되어왔다. 그러나 예비 신부 가운데 룻만큼 적극적이고 공격적인 여성은 그리 많지 않을 것이다.

▶ 당신은 룻과 보아스를 구약 성경 가운데 당신이 알고 있는 어떤 부부와 비교하고 싶은가?

▶ 성경에서 서로 친척관계인 인물들을 찾아보라. 당신은 그들을 룻과 나오미와 어떻게 비교하고 싶은가?

▶ 그 밖에 특기할 만한 비교 사항이나 관찰 결과들이 있다면 모두 기록하라.

17 룻기

룻기에 나오는 관습들을 제대로 이해하려면 무엇보다 문화적인 배경을 면밀히 검토하는 작업이 선행되어야 한다. 그런 의미에서 앞으로 며칠 동안은 룻기에 대해 이미 알고 있는 지식들을 보완하고 공고히 하기 위해 여러 가지 참고 자료들을 적극 활용하자.

오늘은 당시의 추수가 어떤 식으로 진행되었는지 살펴보자. 본문을 통해 룻이 보리 추수가 시작될 때 돌아와(1:22) 밀 추수를 마칠 때까지 이삭을 주우러 다녔다(2:23)는 것을 알 수 있었다. 또한 당시에 행해지던, 떨어진 이삭줍기와 까불리기(3:2) 그리고 타작하기(3:2)와 수확(2:3)에 대해서도 알 수 있었다. 뿐만 아니라, 추수하는 과정에는 단을 묶는 것도 포함되었다는 것을 알 수 있었다(2:7).

그러나 추수 과정에 대해 이 모든 사실을 관찰했다고 해도, 참고 자료의 도움 없이 본문만으로 추수에 대해 올바르게 해석한다는 것은 어려운 일이다. 그러므로 다양한 참고 자료들을 활용하여 이 모든 용어의 정확한 의미를 가려내고, 곡식이 식탁에 오르기 위해서는 어떤 과정을 거쳐야 하는지 살펴보라. 이 문제를 해결했다면, 그다음에는 당시에 아이 없는 과부로 사는 것이 어떤 의미였는지 살펴보라. 육신적으로 얼마나 고단했겠으며, 사회적인 시선은 어떠했고, 또 본인의 감정 상태는 어떠했겠는지 상상해보라.

18 룻기

지난 과에서 살펴보았던, 당시 사회에서 추수가 의미하는 중요성에 더하여, 오늘은 추수만큼 잘 알려지지는 않았지만 그래도 추수 못지않게 중요한 부차적인 것들에 대해 살펴보자. 관련 자료들을 언제든 참고할 수 있도록 가까이 두고 룻기 4장을 꼼꼼하게 읽어보라. 그리고 룻의 가장 가까운 친족이 보아스에게 엘리멜렉의 기업 무를 자의 자리를 내어준 이유가 무엇이었는지 살펴보라. 4-5절을 읽어보면 알겠지만, 그가 죽은 친족 기룐의 아내 룻까지 사야 한다는 사실을 알기 전까지는 기꺼이 나오미의 밭을 사려고 하였다. 그가 “나는 내 기업에 손해가 있을까 하여 나를 위하여 무르지 못하노니”(6절)라고 했을 때 그것은 어떤 의미였겠는가?

▶ 곧이어 그 친족이 신을 벗는 장면이 나오는데, 당시 사회에서는 사업상의 거래를 조인하는 표시로 신발 한 짝을 벗어 상대방에게 주는 관습이 있었다. 이 행위가 상징하는 바는 무엇이며, 여기에서 발견할 수 있는 것은 무엇인가?

19 룻기

오늘도 어제에 이어 당시 사회의 문화적 관습에 대해 살펴볼 텐데, 이번에는 룻과 보아스가 하룻밤을 같이 보낸 것과 관련하여(룻 3장) 몇 가지 조사를 해보자. 어쩌면 이 문제에 대해서는 이미 넷째 날에 섬세하게 검토했어야 했는지도 모르겠다. 그러나 지금도 늦지 않았으니 여러 가지 해설서나 주석을 참고하여 다른 성경 학자들도 당신의 의견과 같은지 검토해보라. 그리고 3장에서 룻이 보인 행동을 어떻게 해석하면 좋을지도 연구해보라.

20 룻기

본문을 해석하는 작업도 오늘이 마지막이다. 그러니 오늘만큼은 당신이 궁금해하던 문제들을 해결하기 위한 '자유의 날'로 생각하라. 지금껏 해결하지 못한 질문들로 마음이 편치 않았다면, 오늘이야말로 대답을 찾기 위해 매진할 수 있으므로 마음을 단단히 먹기 바란다. 만일 질문이 모두 해결되어 더 이상 고민할 거리가 없다면, 다른 역본들과 주해서와 핸드북과 관련 자료들을 읽어보며 당신이 중요한 사실을 간과하지는 않았는지 살펴보라. 어쩌면 그들은 룻기에서 당신이 발견하지 못한 중요하고도 기본적인 연결점을 발견했을지도 모른다.

21 룻기

성경을 효과적으로 적용하려면, 알고 연결하고 묵상하고 본문에서 발견한 것을 실천하는 네 단계를 반드시 거쳐야 한다. 지금쯤 당신은 룻기에 대해 어느 정도 통달했을 것이다. 그러므로 오늘부터는 성경 공부의 초점을 해석에서 적용으로 옮겨 자신이 처한 상황에 본문을 연결해보자.

룻기 가운데 당신이 과거에 직면했거나 또는 현재 직면하고 있는 문제를 해결할 수 있는 실마리가 있다면 모두 기록하라. 그리고 룻기에서 뽑을 수 있는 원리나 구체적인 적용점들에 대해서는 다음에 살펴보기로 하고 오늘은 일반적인 것들 위주로 목록을 작성하라. 요컨대, 오늘은 당신의 삶을 변화시킬 만한 조언이나 예를 룻과 나오미와 보아스에게서 찾아보라. 지금껏 배운 것을 잘 적용한다면 쉽게 찾을 수 있을 것이다.

- 나는 룻기에서 무엇을 배웠는가?

- 나는 이 교훈을 삶에 어떻게 적용할 수 있는가?

22 룻기

오늘은 적용이라는 관점에서 룻기에 대해 새롭게 묵상하자(이미 당신은 넷째 날 룻기를 묵상했다). 오늘의 목표는 룻기 가운데서도 특별히 당신에게 중요한 의미가 있는 본문에 대해 묵상하는 것이다. 어쩌면 당신은 룻기에 대해 완전히 통달했을지도 모르겠다. 그러므로 이제부터는 무엇을 많이 알아내려 하기보다는 룻기를 통해 무엇을 느끼는가에 비중을 두어야 한다. 시간을 내서, 당신이 핵심적으로 느끼는 것은 무엇이고, 그것이 당신에게 어떤 의미가 있는지 생각해보라.

말씀을 묵상하는 것이야말로 미래를 위한 가장 확실한 투자다. 아직 살아갈 날이 남아 있고 또 말씀을 공부할 시간을 낼 수 있는 한, 우리는 성경에 나오는 단어를 읽는 데서만 그칠 것이 아니라 더 많이 진보하기 위해 노력해야 한다. 그리고 평소에 말씀을 많이 묵상해두면 그것이 마음 밭에 뿌려져 힘과 위로를 줄 때가 있을 것이다. 신앙의 선배들이 자신에게 도움이 되는 구절을 암송하는 데 시간과 정열을 투자하라고 하는 이유도 바로 이 때문이다. 평소에 말씀을 많이 암송하고 있으면 매순간 자신의 삶에 가장 필요한 성경 본문에 자유롭게 다가갈 수 있다.

23 룻기

우리는 앞에서 말씀을 좀 더 잘 적용하기 위해 아홉 가지 질문을 사용했다. 이번 과와 다음 과에서는 룻기 전체에 대해 이 아홉 가지 질문을 던지며, 지금까지 발견한 것 외에 다른 새로운 것을 발견할 수 있는지 알아보기로 하자. 물론 그 가운데는 이미 만족할 만한 대답을 얻은 질문도 있겠지만, 거기에 안주하지 않고 계속해서 질문을 던지면 거시적인 통찰력을 얻게 될 것이다. 오늘은 아홉 가지 질문 가운데 앞의 다섯 질문에 대해서만 살펴보고, 나머지 네 질문에 대해서는 다음 과에서 살펴보자.

▶ 룻기를 통독하고, 아래 질문들에 답하라.

1. 내가 따라야 할 모범이 있는가?

2. 내가 피해야 할 죄가 있는가?

3. 내가 붙잡아야 할 약속이 있는가?

4. 내가 드려야 할 기도가 있는가?

5. 내가 순종해야 할 명령이 있는가?

24 룻기

오늘은 지난 과에 이어, 말씀을 적용하는 데 도움이 되는 아홉 가지 질문 가운데 나머지 네 질문에 답해보려고 한다. 룻기를 다시 한 번 읽으며 질문에 대한 답을 발견할 때마다 적으라.

6. 내가 만족시켜야 할 조건이 있는가?

7. 내가 외워야 할 구절이 있는가?

8. 내가 고쳐야 할 교리적 오류가 있는가?

9. 내가 직면해야 할 도전이 있는가?

25 룻기

앞으로 몇 과에 걸쳐 이제까지와는 전혀 다른 방법으로 룻기를 적용해볼 것이다. 어쩌면 당신은 룻기가 여성들에게만 많은 인기와 호응을 얻고 있다고 생각했을지도 모른다. 그랬다면 이제부터라도 시선을 돌려 생각보다 많은 남성이 룻기로 성경을 공부하고 있다는 사실을 직시하기 바란다. 그러므로 오늘은 룻기를 읽으며 남성들은 룻기를 어떤 방법으로 적용할지 그리고 남성들이 배울 만한 것으로는 무엇이 있는지 생각해보라. 그러기 위해서는 룻 당시의 문화는 물론 우리의 문화에 대해서도 잘 알아야 한다. 그리고 본문에서 발췌하여 제안하고 싶은 원리가 있다면, 얼마든지 그렇게 하라.

남성을 위한 적용점

삶의 원리

26 룻기

지난 과에서는 남성이 적용할 수 있는 점들 위주로 룻기를 살펴보았다. 이번 과에서는 고통에 대해 적용할 수 있는 점들을 찾아보자. 그리스도인들은 고통스러운 상황에 부딪힐 때마다 그것을 이해하기 위해, 바울은 고통과 어떻게 싸웠는지 그리고 다른 사람들은 그럴 때 어떻게 하는지 살펴보곤 한다. 또 자기 직장에 무슨 문제가 있지는 않은지 들여다보기도 한다. 그러면 룻과 나오미는 고통에 어떻게 대처했을까? 룻기를 다시 읽되, 이번에는 인생의 거친 풍랑에 휘말리게 되었을 때 적용할 수 있는 원리들을 찾으면서 읽으라.

고통에 대처하기 위한 적용점

삶의 원리

27 룻기

어제와 마찬가지로 오늘도 실용적인 적용점 위주로 룻기를 살펴보기로 하자. 따라서 룻기를 읽되, 본문에서 우연히 일어나는 사건에 집중하면서 읽으라. 그 가운데는 긍정적인 것도 있고 부정적인 것도 있다. 그런데 우리는 때때로 사건이 어떻게 진행되어갈지 다 안다는 식으로 읽기 때문에, 사건의 의미를 간과해버릴 때가 있다. 그러므로 성경을 읽을 때는 무엇보다 자신이 그 사건의 주인공이라고 생각하며 읽는 자세를 개발해야 한다. 그러면 하나님이 각 인물의 운명 – 좋든 나쁘든 간에 – 가운데 어떻게 역사하셨는지 분명히 알 수 있을 것이다. 그와 같은 일이 당신의 삶에는 어떻게 적용될 수 있겠는지 생각해보라.

하나님이 우연히 일어나는 사건 속에서 어떻게 역사하시는지에 대한 적용점

삶의 원리

우연한 사건이라는 주제가 흥미롭게 여겨진다면, 에스더서를 읽고 우연한 시간의 일치가 구성에서 극적인 역할을 하는 예를 전부 적어보라. 그러한 예가 얼마나 많은지 발견한다면, 아마 입을 다물지 못할 것이다.

28 룻기

룻기에서 삶의 원리를 찾는 작업을 계속하되, 오늘은 당신이 하고 싶은 대로 하라.

앞으로 두 과만 더 공부하고 나면, 그다음부터는 당신이 원하는 대로 공부해도 좋다. 이 워크북 하나만으로 룻기를 속속들이 다 살폈다고 볼 수는 없다. 눈치챘겠지만 사랑, 헌신, 명성, 섬김, 직장 내에서 정직하고, 여성을 존경해야 할 필요 그리고 신실함에 대한 보답 등과 관련해서는 거의 아무런 적용도 하지 않았다. 이 중에서 한 가지 이상을 골라 당신에게 도움이 될 만한 원리들을 도출해보라.

원한다면, 어제와 마찬가지로 오늘도 가치 있는 원리들을 이끌어내는 데 주력하라. 창의적인 성경 공부를 원한다면, 추수 과정을 성경 공부에 대한 상징으로 보는 시각을 개발하는 것도 좋다. 예수님은 씨 뿌리는 자의 비유에 대해 말씀하신 다음(막 4:1–20), 제자들에게 "뿌리는 자는 말씀을 뿌리는 것이라"(14절)라고 설명해주셨다. 하나님의 말씀은 밭에 뿌려지는 씨와 같아서 옥토에 뿌려지면 백 배의 결실을 맺게 된다(20절).

열일곱째 날에 당신은 구약 시대에 곡식을 추수하던 과정에 대해 살펴보았다. 그러면 구약 시대의 추수 과정과 이 워크북으로 하는 성경 공부 과정 사이에 어떤 유사점이 있는가? 당신이 상징과 유추를 좋아하는 사람이라면, 이 두 과정을 상당히 밀접하게 비교할 수 있을 것이다. 혹 상징과 유추를 싫어한다면, 다른 방법으로 하라.

30 룻기

어떤 사람들은 룻기가 앙증맞고 예쁜 사랑 이야기일 뿐이라고 여긴다. 지금까지 룻기로 공부해오면서 당신도 그렇게 생각하게 되었는가? 아니면 처음에는 그랬지만, 지금은 그보다 훨씬 더 많은 의미가 룻기에 담겨 있다고 생각하게 되었는가?

오늘은 룻기를 공부하는 마지막 날이다. 물론, 원한다면 개인적으로 얼마든지 더 공부할 수 있다. 어쩌면 당신은 앞으로 살아가는 동안 룻기를 자주 참고해야 할지도 모른다.

마지막이니만큼 룻기 가운데 삶을 변화시키는 면에 대해 살펴보라. 현재 당신이 직면하고 있는 영적 도전과 당신에게서 개선하고 싶은 점들을 생각해본 다음, 룻기는 그러한 것들에 대해 어떻게 말하고 있는지 고찰해보라. 어쩌면 룻기를 읽는 가운데 현재 당신의 상황에 가깝게 적용할 수 있는 다른 성경 본문이 떠오를지도 모르겠다. 어떤 식으로 마무리하든, 지금까지 배운 것을 삶에 실제적으로 적용해야 한다는 것을 잊지 마라. 그렇지 않으면 이 성경 공부는 미완성으로 남을 것이다.

01 야고보서

야고보서가 룻기와 전혀 다른 책이라는 것은 이미 알고 있을 것이다. 룻기는 구약에 있고, 야고보서는 신약에 있다는 것뿐 아니라, 스타일과 목적 면에서도 판이하다.

야고보서 전부를 주의 깊게 읽으라. 성경에서 처음 접하는 부분은 탐정처럼 다가가야 한다는 사실을 기억하고 있는가? 오늘 당신이 해야 할 일은 야고보서의 전 '장면'을 소화하는 동시에 나중에 좀 더 자세히 검토해야 할 부분을 재빨리 기억해두는 것이다. 앞으로 야고보서로 공부하는 한 달 동안 떠오르는 질문을 모두 메모해두라.

맨 처음 관찰한 것

더 보완해야 할 질문

02 야고보서

야고보서를 다시 한 번 일독하되, 이번에는 분석적으로 읽으라. 그리고 다음의 여섯 가지 질문에 답하라.

▶ 이 서신의 저자는 누구인가?(야고보라는 이름으로 신약 성경에 등장하는 인물이 몇 명 있다. 그렇다면 당신은 어느 야고보가 이 책을 쓴 저자라고 생각하는가?)

▶ 저자는 이 책에서 여러 가지 문제에 대해 언급하고 있다. 그렇다면 이 책에서 논쟁의 초점은 무엇이며, 가장 중요한 주제는 무엇인가?

▶ 편지를 쓸 당시 저자는 어디에 있었으며, 그의 편지를 받게 될 수신인들은 또 어디에 있었는가?

▶ 이 편지가 쓰인 연도는 언제인가? 당시에 어떤 일이 일어나고 있었는가?

▶ 저자가 자기가 한 일에 대해 말하는 이유는 무엇이며, 또 그의 메시지가 중요한 이유는 무엇인가? 그리고 편지를 쓰는 그의 스타일이 바울과 현격하게 다른 이유는 무엇인가?(이 밖에도 궁금한 질문이 있으면 거리낌 없이 적으라.)

▶ 야고보가 당신에게 도전한 것을 그대로 실천한다면 당신에게 어떤 변화가 일어나겠는가?

03 야고보서

상상력을 동원하여 야고보서를 다시 한 번 읽으라. 그러나 그가 사역하던 초대 교회에 무슨 일이 일어났는지 알아보기 위해 주석을 참조하는 일은 하지 말라. 그것은 나중에 얼마든지 할 수 있기 때문이다. 그러므로 오늘은 그냥 본문만 집중적으로 관찰하라. 그리고 정말 중요한 실마리는 야고보서 1장 1절에 이미 나와 있다. 이 구절을 통해 우리는 하나님을 믿고 따르는 신실한 자들이 지금 각처에 '흩어져' 있으며, 그러한 이유로 야고보가 시련을 인내하고 견디라는 편지를 쓰기 시작했다는 것을 알 수 있다.

누군가 당신에게 친구와 공동체와 교회를 떠나라고 협박해서 어쩔 수 없이 타지로 옮겨가게 되었는데, 엎친 데 덮친 격으로 그곳 사람들이 예배에는 아무런 관심도 없다고 상상해보라. 게다가 주위의 모든 사람이 당신의 신앙에 적대적인 반응을 보여 커다란 소용돌이에 휘말리게 되었다고 상상해보라.

이런 생각으로 야고보서 1장을 읽으면서, 만일 당신이 그런 상황에 있다면 어떤 것들을 중요하게 여길지 생각해보라.

04 야고보서

야고보서 2장에서 저자는 '행함'이 중요하다는, 대담하면서도 위험천만한 선언을 한다. 그도 그럴 것이 이 '행함'이라는 개념은 오랜 시간을 두고 충분히 생각하지 않으면 큰 혼동을 일으킬 소지가 있기 때문이다. 당신은 "너희는 그 은혜에 의하여 믿음으로 말미암아 구원을 받았으니 이것이 너희에게서 난 것이 아니요 하나님의 선물이라 행위에서 난 것이 아니니 이는 누구든지 자랑하지 못하게 함이라"(엡 2:8–9)라는 바울 사도의 말을 잘 알고 있을 것이다.

그렇다면 야고보는 바울의 지론에 모순되는 주장을 펴고 있는 것일까? 처음 읽으면 그렇다는 인상을 강하게 받는다. 그러나 우리는 성경에는 모순이 없다는 것을 알고 있다. 성경은 많은 저자들이 다양한 스타일로 썼지만, 그럼에도 불구하고 통일성과 일관성으로 응집된, 이 세상에 단 하나뿐인 책이기 때문이다.

▶ 오늘 과제는 야고보서 2장을 묵상하면서 읽는 것이다. 만일 야고보와 바울의 말이 언뜻 보기에는 달라 보여도 결국에는 같은 의미라면, 신앙과 행함 사이의 상관 관계에 대해 어떤 결론을 내릴 수 있겠는가?

05 야고보서

야고보서 3장을 읽으며 비슷한 것들과 상반된 것들을 발견할 때마다 아래 빈칸에 적으라. 그리고 은유와 직유를 발견하는 것 또한 잊지 마라(야고보서 3장은 은유와 직유가 풍부한 본문이므로 발견하기가 쉬울 것이다). 마지막으로, '~거니와' '그러나' 같은 단어가 나올 때마다 주목하라.

오늘 과제를 대충 넘어갈 생각은 아예 하지 마라. 혀에 대해 이야기하고 있는 이 장은 많은 주의와 관심이 요구된다. 또한 비슷한 것들과 상반된 것들을 찾아보는 일도 게을리하지 마라(예를 들어, 13-18절 사이에서는 적어도 두 종류의 '지혜'를 찾아내야 한다).

06 야고보서

오늘은 야고보서 4장을 읽되 상관관계가 있는 것들을 찾으면서 읽으라. 그리고 아래에 해당하는 답을 찾아 빈칸에 적으라. 물론, 모든 성경 본문마다 아래에 해당하는 답이 나오는 것은 아니다. 그래도 이 장에서만큼은 아주 훌륭한 예를 몇 가지 발견할 수 있다.

일반적인 것에서 구체적인 것으로의 전이

질문과 대답

원인과 결과

07 야고보서

저자가 이 글을 쓴 목적을 이해하면서 야고보서 5장을 읽으라. 이 장은 편지의 맺음말에 해당한다. 편지를 맺으면서 야고보는 자신이 하고자 했던 말을 다시 한 번 강조하고 싶었을 것이다. 이쯤 되면, 누가 읽더라도 그가 이 편지를 쓴 목적을 이해할 수 있어야 하기 때문이었다. 그러므로 야고보가 자신의 주장을 강조하기 위해 사용한 문법적 구조는 물론이거니와 문학적 구조까지도 찾아보라. 아래에 무엇을 찾아야 할지 방향을 제시해주는 것들을 적어놓았으니 참고하라.

문법적 구조	문학적 구조
동사	전기적 구조
주어와 목적어	지리적 구조
수식어구	역사적 구조
전치사구	연대기적 구조
접속어	관념적 구조

야고보가 자신의 목적을 분명히 하기 위해 야고보서 5장에서 사용하고 있는 것은 이 중 몇 가지인가?(전기적 구조부터 두 가지 정도 찾은 다음, 다른 것으로 넘어가는 것이 좋다. 별로 어렵지도 않을 뿐더러, 그것을 찾는 동안 다른 관련 구조들도 찾을 수 있기 때문이다.)

08 야고보서

야고보서를 장별로 검토하는 것을 마쳤으니, 이제는 전체를 통독하며 반복되어 나오는 것들을 메모하자. 우선, 계속 되풀이되는 용어와 구와 절을 눈여겨 살피라. 한 번 이상 등장하는 사건이나 상황으로는 어떤 것이 있는가? 여기에 나오는 패턴 가운데 다른 곳에도 나오는 패턴을 찾을 수 있겠는가? 그리고 신약 성경에서도 인용되고 있는 구약 성경의 본문으로는 어떤 것이 있는지 발견할 수 있겠는가?(적어도 네다섯 개는 발견할 수 있어야 한다.)

천천히 주의 깊게 읽은 다음, 당신이 발견한 것을 아래에 기록하라.

09 야고보서

삶에 적용할 만한 것들을 찾으며 야고보서를 읽되, 아직까지는 관찰 단계에 있다는 것을 잊지 마라. 즉, 아직까지는 해석이나 적용에 크게 신경 쓸 필요가 없다. 그저 지금까지 살아오며 겪은 경험을 반영할 만한 것들만 기록하라.

(지금쯤 당신은 야고보서가 성경에서 제일 쉬운 책이라고 생각하고 있을지도 모르겠다. 그만큼 야고보서는 하루하루 살아가는 데 꼭 필요한, 유익하고도 실제적인 충고들로 가득 차 있다. 야고보서의 가르침은 단도직입적이고도 명쾌하기 때문에 아무런 해석도 필요치 않다. 성경은 신학적인 내용이 너무 많아 정말 이해하기 어렵다고 불평하는 사람이 있다면, 야고보서로 성경 공부를 시작하라고 권해보라. 얼마 지나지 않아 고맙다는 말을 들을 수 있을 것이다).

10 야고보서

오늘도 변함없이 야고보서를 관찰하겠지만, 어떤 부분을 연구하고 싶은지는 당신에게 맡기겠다. 앞에서 룻기를 공부할 때도 말한 적이 있지만, 해석이나 적용 단계로 나아가기 전에 반드시 관찰 단계를 확실하게 마무리 지으라. 관찰 과정을 끝내는 데 며칠이 더 걸릴 것 같다면, 지금 시간을 내는 것이 바람직할 것이다. 관찰하는 작업을 서둘러 끝내려고 하지 마라. 시간을 내서 본문을 관찰하며 얻을 수 있는 정보를 최대한 많이 수집해 놓으면, 나중에 후회나 아쉬움이 남지 않을 것이다.

▶ 오늘 야고보서를 읽으며 새롭게 관찰한 것은 무엇인가?

11 야고보서

관찰에서 해석으로 옮겨갈 준비가 되었다면, 내용에 유의하며 야고보서를 새로운 시각으로 읽으라. 이미 당신은 관찰 단계를 거치며 본문을 여러 번 읽었기 때문에 지금쯤은 야고보서에 대해 많이 알고 있을 것이다. 그러나 이제는 관찰한 것을 토대로 해석하는 작업을 해야 하므로, 그렇게 명쾌하지만은 않은 내용들 속에서도 최대한 많은 것을 발견하도록 노력해야 한다. 그리고 발견한 내용을 꼼꼼하게 기록하여 앞으로 진행할 성경 공부의 구심점으로 삼으라.

12 야고보서

48과에 나오는 '성경에 나타난 문학 양식들'을 참조하라. 그에 의하면 야고보서는 '강론'에 해당한다. 야고보서를 다시 한 번 읽으며 아래에 제시된 각각의 기준에 야고보서가 어떻게 들어맞는지 살펴보라. 그리고 가능하면 구체적인 예도 함께 적으라. 강론 문학은 아래와 같은 특징을 갖는다.

- 신중하게 추론된 논쟁과 해설

- 잘 정돈되어 있음

- 논리적인 글의 흐름

- 결정적이고도 중요한 용어들

- 독자를 빠져들게 하는 절정으로 발전해감

- 독자로부터 동의를 끌어내 행동을 취하게 하는 것을 목적으로 함

13 야고보서

문맥에 유의하며 야고보서를 읽으라. 그리고 아래 질문에 답하라. 단, 성경의 모든 본문에서 이 모두에 대한 답을 찾아야 한다는 부담은 가질 필요가 없다.

문학적 맥락

이 책의 문학적 내용은 성경 전체의 맥락과 어떻게 들어맞는가?

역사적 맥락

이 책에 나오는 사건들은 그 당시의 역사적 사건들과 어떻게 연결되는가?

문화적 맥락

야고보 당시의 문화에 대해 알고 있는 지식이 이 책을 해석하는 데 어떤 도움이 되는가?(구체적인 내용에 대해서는 나중에 살펴보기로 하자.)

지리적 맥락

본문에서 저자나 편지를 받을 수신인이 어디에 있는가와 같은 지리적 이유 때문에 그 중요성이 한층 더해진 내용이 있는가?

신학적 맥락

저자는 하나님에 대해 무엇을 알고 있었는가? 그리고 편지의 수신자들과 하나님의 관계는 어떠했는가? 그들은 성경을 몇 권 정도나 갖고 있었는가? 그리고 그 당시 어떤 종교와 세상적 가치관들이 그들에게 영향을 끼치려고 경쟁하고 있었는가?

14 야고보서

오늘은 야고보서에서 몇 가지 용어를 발췌하여(한 본문을 다른 본문과 비교하며) 비교 학습을 하려고 한다. 우선 성구 사전을 참고하여 야고보서에 나오는 주요 주제들을 살펴보라. 일례로, 야고보서를 펴면 맨 먼저 기쁨이라는 주제가 등장하는 것을 볼 수 있다(1:2). 우리는 『삶을 변화시키는 성경 연구』에서 빌립보서에서도 기쁨이 주요 주제로 등장하고 있다는 것을 살펴보았다. 그러므로 일단은 기쁨이라는 주제에 초점을 맞추어 야고보서와 빌립보서 외에 다른 본문에서도 기쁨이라는 주제가 나오는지 살펴볼 수 있을 것이고, 아니면 야고보서 안에서 기쁨 외에 어떤 주제들이 등장하는지 살펴볼 수도 있을 것이다. 한마디로, 당신이 원하는 대로 다양하게 성경 공부를 할 수 있다. 다음은 야고보서 1장에서 찾아볼 수 있는 주제들이다.

인내	의심	욕심
믿음	시련	시험
참음	성숙	성냄
경건	면류관	죄
첫 열매	의로움	겸손

15 야고보서

둘째 날 '누구인가? 무엇인가? 어디에 있었는가?' 등과 같은 관찰 질문에 답하면서, 당신은 어떤 야고보가 이 서신을 썼을지 궁금했을 것이다. 그렇다면 신약 성경에 등장하는 그 많은 야고보 가운데 이 편지를 쓴 야고보는 과연 누구일까?

관찰 단계에서는 철저히 성경 본문 위주로 살펴보아야 했으므로, 만족할 만한 답을 끌어내지 못했을 것이다. 그러나 관찰한 것을 토대로 해석하는 작업에 들어간 지금은 참고 자료를 많이 활용할 수 있으므로, 핸드북과 주석 등을 들추어보면서 다른 사람들은 이 책의 저자에 대해 어떻게 말하는지 귀 기울여보라.

성경의 다른 모든 책과 마찬가지로, 야고보서에 대해서도 누가 저자인지에 대해 다양한 의견을 수렴할 수 있을 것이다. 그러므로 참고 자료 하나만 읽고 간단히 결론을 내리기보다는, 여러 가지 가능성을 발견하기 위해 조사하는 과정을 충분히 가지라고 권면하고 싶다. 그런 다음 각각의 가능성을 뒷받침할 만한 논거를 일일이 찾아 읽으라.

▶ 끝으로, 정확한 저자가 누구인지 밝히는 것으로 그치지 말고 이 책의 저자에 대해 무엇을 더 발견할 수 있는지도 살펴보라. 일단 야고보가 이 편지의 저자라는 결론이 확실해지고 나면, 그에 대해 무엇을 더 발견할 수 있겠는가? 그리고 이 모든 정보가 그의 말을 해석하는 데는 어떤 도움이 되겠는가?

16 야고보서

앞으로 몇 과에 걸쳐 야고보서가 쓰일 당시의 문화를 좀 더 잘 이해하기 위해 다양한 자료들을 적극 활용하라고 도전할 것이다. 그렇게 해서 야고보서에 나오는 내용의 문화적 의미를 일단 이해하게 되면 그것을 우리 문화와 비교, 대조할 수도 있을 것이다.

▶ 그러므로 오늘은 당시의 사회 구조에 대해 알아보라. 로마 제국의 사회 조직은 어떠했으며, 또 사회 계층은 어떠했는가? 그것을 비로마인은 어떤 시각으로 바라보았으며, 그리스도인 저술가들은 어떤 사회 구조를 제창하고 옹호했는가? 그리고 교회 안에서의 구조는 어떠했는가?

17 야고보서

오늘도 역시 다양한 참고 자료들을 활용하여 기름을 바르던 당시의 문화적 관습(약 5:14)에 대해 최대한 많은 것을 발견하라. 그때 사람들은 언제 기름을 발랐으며, 그 의미는 무엇이었는가? 그리고 그러한 관습은 언제 최초로 시작되었고, 당시의 문화적 맥락에서 볼 때 그것은 어떤 의미와 가치를 갖고 있었는가?

18 야고보서

당시 문화에 유념하며 야고보서 3장을 읽으라. 그리고 야고보가 혀를 묘사하기 위해 사용한 비유들을 기록하라. 야고보는 누구나 쉽게 이해할 수 있는 간단명료한 비유를 사용하고 있다. 그러면 이 비유가 매일 배를 타고 바다로 나가던 사공이나, 말에게 재갈을 물려 일을 시키던 사람들, 혹은 우물에서 물을 긷던 사람들에게 어떤 영향을 미쳤을 것 같은가? 한마디로, 그들에게는 혀에 대한 야고보의 비유가 어떻게 받아들여졌겠는가?

만일 야고보가 현대인을 상대로 글을 썼더라도 지금과 같은 비유를 사용했겠는가? 아니면, 우리 의주의를 끌기 위해 다른 소재를 사용했겠는가? 다른 비유를 사용했을 것 같다면, 세 가지를 찾아보라(예를 들어, 혀는 작은 바이러스 하나만 있어도 모든 파일을 다 망가뜨릴 수 있다는 점에서 컴퓨터 바이러스에 비유될 수 있을 것이다).

19 야고보서

어쩌면 당신은 야고보가 아주 다양한 용어로 하나님을 지칭하고 있다는 것을 눈치챘을지도 모르겠다. 그러면 오늘은 야고보가 하나님을 지칭하기 위해 사용한 용어 각각에 대해 무엇을 발견할 수 있는지 살펴보라. 본질적으로 그들은 같은 것을 의미하고 있는가? 만일 그렇다면, 굳이 그렇게 다양한 표현을 사용하는 이유가 무엇일까?

아래에 적어놓은 하나님을 지칭하는 몇 가지 표현부터 시작해보라.

- 빛들의 아버지(1:17)

- 하나님 아버지(1:27)

- 입법자와 재판자(4:12)

- 만군의 주(5:4)

20 야고보서

오늘이 해석 단계의 마지막 날이다. 그러므로 적용 단계로 넘어가기 전에, 지금까지 배운 모든 해석 방법을 최대한 많이 활용하라. 아래에 생각해볼 만한 질문 사항들을 몇 가지 제시해놓았으니 적극 활용하기 바란다.

▶ 아마도 당신은 맹세하는 것의 중요성(5:12)과 관련하여 아직도 몇 가지 의문을 갖고 있을 것이다. 그렇다면 법정에서조차 '하나님께 맹세하는 것'을 거부하는 교파에 대해서는 어떻게 생각하는가? 그들의 행위가 옳다고 생각하는가, 그렇지 않다고 생각하는가?

▶ 야고보의 말대로라면 우리는 정말로 선생이 되는 것을 삼가야 할까?(3:1)

▶ 하나님은 친히 아무도 시험(tempt)하지 않으신다(1:13). 그러나 때로는 우리를 시험(test)하기도 하신다(창 22:1). 그렇다면 이 둘 사이에는 어떤 차이가 있을까? 혹 별 차이 없는데, 우리가 시시콜콜한 일로 따지는 것은 아닐까?

▶ 지금까지 야고보서를 공부하며 구약 성경 가운데 다음과 같은 인물들이 등장하는 것을 본 적이 있는가?

- 아브라함과 이삭(창 22장, 약 2:21–24)
- 라합(수 2장, 약 2:25)
- 욥(욥기, 약 5:11)
- 엘리야(왕상 17–18장, 약 5:17–18)

짐작하겠지만 아직도 훑어보아야 할 것이 많이 있다. 해석 단계를 완벽하게 마무리하기 원한다면, 다른 주제들을 더 살펴보아도 좋다.

21 야고보서

적용이라고 하면, 이해 면에서나 실생활에 대한 적용 면에서나 야고보서가 단연 으뜸이다. 그러므로 야고보가 주장하는 바를 가능한 다양한 방법으로 적용하기 위해, 다음의 아홉 가지 질문을 토대로 한 번에 한 장씩 검토해보자. 우선 오늘은 야고보서 1장을 읽고 아래 질문들에 답하라.

1. 내가 따라야 할 모범이 있는가?

2. 내가 피해야 할 죄가 있는가?

3. 내가 붙잡아야 할 약속이 있는가?

4. 내가 드려야 할 기도가 있는가?

5. 내가 순종해야 할 명령이 있는가?

6. 내가 만족시켜야 할 조건이 있는가?

7. 내가 외워야 할 구절이 있는가?

8. 내가 고쳐야 할 교리적 오류가 있는가?

9. 내가 직면해야 할 도전이 있는가?

22 야고보서

오늘은 야고보서 2장을 읽으라. 이것이 단순한 성경 연구가 아님을 명심하며 아래의 아홉 가지 질문에 답하라. 본문에서 당신의 삶을 변화시킬 수 있는 어떤 것을 발견할 수 있겠는가?

1. 내가 따라야 할 모범이 있는가?

2. 내가 피해야 할 죄가 있는가?

3. 내가 붙잡아야 할 약속이 있는가?

4. 내가 드려야 할 기도가 있는가?

5. 내가 순종해야 할 명령이 있는가?

6. 내가 만족시켜야 할 조건이 있는가?

7. 내가 외워야 할 구절이 있는가?

8. 내가 고쳐야 할 교리적 오류가 있는가?

9. 내가 직면해야 할 도전이 있는가?

23 야고보서

오늘은 야고보서 3장으로 넘어가자. 그러나 이번에는 아홉 가지 질문에 답한 다음, 반드시 질문과 대답에 대해 잠시 멈추어 생각해보라. 왜냐하면 이런 유형의 연습 문제는 지성과 감성을 적극 활용하지 않으면 그저 답을 다는 것으로 끝날 수 있기 때문이다.

1. 내가 따라야 할 모범이 있는가?

2. 내가 피해야 할 죄가 있는가?

3. 내가 붙잡아야 할 약속이 있는가?

4. 내가 드려야 할 기도가 있는가?

5. 내가 순종해야 할 명령이 있는가?

6. 내가 만족시켜야 할 조건이 있는가?

7. 내가 외워야 할 구절이 있는가?

8. 내가 고쳐야 할 교리적 오류가 있는가?

9. 내가 직면해야 할 도전이 있는가?

24 야고보서

오늘은 야고보서 4장을 살펴볼 텐데, 이제는 말하지 않아도 어떻게 해야 할지 잘 알고 있을 것이다.

1. 내가 따라야 할 모범이 있는가?

2. 내가 피해야 할 죄가 있는가?

3. 내가 붙잡아야 할 약속이 있는가?

4. 내가 드려야 할 기도가 있는가?

5. 내가 순종해야 할 명령이 있는가?

6. 내가 만족시켜야 할 조건이 있는가?

7. 내가 외워야 할 구절이 있는가?

8. 내가 고쳐야 할 교리적 오류가 있는가?

9. 내가 직면해야 할 도전이 있는가?

25 야고보서

아홉 가지 적용 질문으로 야고보서를 장별로 검토하는 것도 오늘이 마지막이다. 그러므로 아홉 가지 질문에 모두 대답한 다음에는, 이제까지 자신이 어떤 대답을 해왔는지 되돌아보는 시간을 가지라. 그리고 암송하고 싶은 말씀이 있다면, 그 말씀을 묵상하는 시간을 가지라. 그러면서 아직까지 발견하지 못한 패턴이나 반복 어구가 없는지 보라. 야고보서를 삶에 적용하기 시작하면서부터는 야고보가 이 글을 쓰는 이유와 목적이 한결 분명해지는 것 같지 않은가?

1. 내가 따라야 할 모범이 있는가?

2. 내가 피해야 할 죄가 있는가?

3. 내가 붙잡아야 할 약속이 있는가?

4. 내가 드려야 할 기도가 있는가?

5. 내가 순종해야 할 명령이 있는가?

6. 내가 만족시켜야 할 조건이 있는가?

7. 내가 외워야 할 구절이 있는가?

8. 내가 고쳐야 할 교리적 오류가 있는가?

9. 내가 직면해야 할 도전이 있는가?

26 야고보서

지금쯤 당신은 야고보서를 삶에 어떻게 적용해야 할지 정확하게 인식했을 것이다. 그리고 지금까지 야고보서를 여러 번 읽으며 적용점을 발견할 때마다 따로 적어두었을 것이다. 그러면 이제부터는 이 모든 과정을 역으로 밟아 거슬러 올라가보자. 우선, 적용을 위해 주제를 살펴본 다음 야고보가 그 주제에 대해 어떻게 말하는지 살펴보라. 우리 자신의 문화뿐 아니라 야고보 시대의 문화도 이해하게 되었다면, 삶에 적용할 만한 성경적 원리를 적어도 몇 가지는 도출해낼 수 있어야 한다.

▶ 우선 오늘은 간단한 것부터 시작해보자. 먼저 야고보가 '말'이라는 주제에 대해 어떻게 말하고 있는지 살펴보라. 다른 사람과 대화할 때 적절한 말과 단어를 사용하도록 도와주는 적용점과 원리들을 발견할 수 있겠는가?

다음 며칠 동안, 명확하지는 않지만 그래도 다양한 적용점을 발견하는 데는 별 어려움이 없는 다른 주제들에 대해 살펴보기로 하자.

우리의 언어 습관과 관련된 적용점

삶의 기준으로 삼을 원리들

27 야고보서

오늘은 사회적 지위라는 주제와 관련하여 삶에 적용할 만한 원리들을 찾되, 구체적인 적용점과 일반적인 원리 둘 다를 찾아보라. 단, 야고보가 이 서신을 쓴 지 무려 2천 년이 지났다는 것을 잊지 마라. 그의 가르침을 오늘날 문화 속에서 적용하려면 어떤 적용점들이 필요하겠는가?

사회적 지위에 관한 적용점

삶의 원리

28 야고보서

영성은 그리스도인들이 선호하는 주제 가운데 하나다. 그리고 현대인은 너나 할 것 없이 깊은 진리에 대한 나름대로의 통찰력과 의견을 갖고 있다. 그것이 성경이 말하는 진리와 상관 있든 없든 간에 말이다.

▶ 야고보가 종교적 습성과 영적 습성에 대해 어떻게 말하는지 살펴보는 것이 오늘 해결해야 할 과제다. 야고보가 그의 수신인들에게 기대하고 바라는 것은 구체적으로 무엇인가? 그리고 그의 가르침에 근거하여 공식화할 수 있는 원리로는 어떤 것이 있는가?

우리의 영적 습성과 관련한 적용점

삶의 원리

29 야고보서

야고보서 공부를 통해 평생 적용하고 참고할 만한 도움과 정보를 많이 축적했기를 바란다. 지금까지 우리는 야고보가 말하고자 하는 바를 살펴보기 위해 책 전부를 통독하며 적절한 적용점을 찾는 작업을 해왔다. 그러나 오늘만큼은 이전으로 돌아가기를 그만두고 미래를 들여다보고자 한다. 야고보가 다른 주제에 비해 '미래'라는 주제는 덜 강조하고 있는 것이 사실이다. 그러나 그럼에도 불구하고 그는 미래에 관심을 갖고 주의를 기울이라고 끊임없이 도전하고 있다. 오늘 당신이 해결해야 할 과제는 바로 이 주제에 대해 최대한 많이 발견하는 것이다.

'미래'라는 주제에 대해 야고보가 말한 것을 빠짐없이 적으라. 그런 다음, 유용하면서도 기억할 만한 일반적인 원리들을 이끌어내라.

미래를 위한 계획에 적용할 점

삶의 원리

30 야고보서

아마도 당신은 이 날을 학수고대했을 것이다. 이 워크북으로 공부하는 것도 오늘이 마지막이다. 그러나 우리는 이것이 당신에게 성경공부의 종착역이 아니라 새로운 출발점이 되기를 바란다. 이 워크북을 통해 성경을 공부하는 법을 배웠다면, 앞으로 어떤 교재로 공부하든 도움이 될 것이다.

오늘은 야고보서를 마무리하는 날이므로, 당신이 전적으로 공부할 내용을 결정하라. 지금까지 야고보서를 공부해오는 동안 적절하게 언급되지는 않았지만, 그럼에도 불구하고 변화가 일어나가를 바라는 삶의 영역이 있다면 무엇인지 이야기해보라. 그리고 야고보가 그에 대해 무엇이라 조언하는지 묵상해보라. 이미 알아챘겠지만 병이나 고통, 유혹 그리고 그 밖의 다른 주제에 대해서는 별로 다루지 못했다. 그러므로 어떤 주제를 택하든 자신의 삶을 개선하고 향상시키기 위해 야고보의 말에 주의를 기울이며, 따라야 할 단계가 있다면 구체적으로 적어보라.